AF904324

फ़ैज़ अहमद 'फ़ैज़'

लोकप्रिय शायर और उनकी शायरी

फ़ैज़ अहमद ‘फ़ैज़’

संपादक : प्रकाश पंडित

सह-संपादक : सुरेश सलिल

फ़ैज अहमद ‘फ़ैज’ की ज़िन्दगी और उनकी बेहतरीन ग़ज़लें, नज़्में, शे’र और क़तए

राजपाल

ISBN : 9789350643143

FAIZ AHMED FAIZ (Life-Sketch & Poetry)
Editor : Prakash Pandit, Associate Editor : Suresh Salil

राजपाल एण्ड सन्ज़
1590, मदरसा रोड, कश्मीरी गेट, दिल्ली-110006
फोन : 011-23869812, 23865483, 23867791
e-mail : sales@rajpalpublishing.com
www.rajpalpublishing.com
www.facebook.com/rajpalandsons

क्रम

मता-ए-लौहो-क़लम छिन गई तो क्या ग़म है
कि ख़ूने-दिल में डुबो ली हैं उंगलियां मैंने

भूमिका

फ़ैज़ अहमद 'फ़ैज़' का जन्म 3 फरवरी, 1911 को ज़िला सियालकोट के कस्बा कादिर खां में हुआ। उनके पिता का नाम चौधरी सुलतान मुहम्मद खां और माता का नाम सुलतान फातिमा था।

1915 में चार बरस की उम्र में कुरान कंठस्थ करना शुरू किया। बाद में फ़ैज़ मीर सियालकोटी के मकतब में दाखिल हुए, वहाँ उन्होंने अरबी और फ़ारसी की शिक्षा ग्रहण की। 1921 में लाहौर आकर स्कॉट मिशन हाई स्कूल में दाखिल हुए। 1927 में मैट्रिक की परीक्षा फर्स्ट डिवीजन में पास की। फिर सियालकोट लौटकर कालेज में प्रवेश लिया और वहाँ से 1929 में फर्स्ट डिवीजन में इंटरमीडिएट पास किया। 1931 में गवर्नमेंट कालेज, लाहौर से बी.ए. और फिर अरबी में बी.ए. ऑनर्स किया। 1933 में गवर्नमेंट कालेज, लाहौर से अंग्रेज़ी में एम.ए. किया और 1934 में ओरियंटल कालेज लाहौर, से अरबी में एम.ए. में फर्स्ट डिवीजन हासिल की।

उनके विद्यार्थी जीवन की एक विशेष घटना यह कि जब वह गवर्नमेंट कालेज लाहौर में पढ़ते थे तो प्रोफ़ेसर लेंग साहब उन्हें अंग्रेज़ी पढ़ाया करते थे, अंग्रेज़ी में 'फ़ैज़' की योग्यता से वह इतना प्रसन्न थे कि उन्होंने तेरहवीं कक्षा की परीक्षा में 'फ़ैज़' को 165 अंक दिए। किसी विद्यार्थी ने आपत्ति उठाई कि साहब आपने 'फ़ैज़' को 150 में से 165 अंक कैसे दे दिए तो प्रोफ़ेसर का उत्तर था, ''इसलिए कि मैं इससे ज़्यादा दे नहीं सकता था।''

1934 में शिक्षा समाप्त हुई तो मुलाज़मत का सिलसिला शुरू हुआ। 1935 में वह अमृतसर के एम.ए.ओ. कालेज में प्राध्यापक नियुक्त हुए। 1940 में लाहौर के हेली कालेज में अंग्रेज़ी पढ़ाने लगे। 1941 में 'फ़ैज़' ने एक अंग्रेज़ी महिला मिस एलिस जार्ज से इस्लामी ढंग से शादी की।

उनका निकाह शेख अब्दुल्ला ने पढ़वाया था।

अब दूसरा विश्व युद्ध शुरू था। बुद्धिजीवियों के लिए सरकारी नौकरी के नए-नए मार्ग खुल गए थे। फ़ैज़ अहमद 'फ़ैज़' ने शिक्षा-कार्य छोड़ दिया और वह 1942 में कैप्टेन के पद पर फ़ौज में भरती होकर लाहौर से दिल्ली आ गए। 1943 में कैप्टेन से मेजर और 1944 में मेजर से कर्नल बन गए। लेकिन 1947 में वह फ़ौज से इस्तीफा देकर लाहौर चले आए। इस बीच देश का विभाजन हुआ, पाकिस्तान बना। अब एक ऐसी घटना घटित हुई, जिससे 'फ़ैज़' की ज़िंदगी खतरे में पड़ गयी। लेकिन वह बच निकले और इस घटना ने उनकी शोहरत को चार चांद लगा दिए।

चौधरी लियाकत अली खां पाकिस्तान के प्रधानमंत्री थे। विभाजन के कारण हिन्दुस्तान और पाकिस्तान दोनों जगह अशांति थी और पाकिस्तान की स्थिति विशेष रूप से अस्थिर थी। भारतीय कम्युनिस्ट पार्टी ने सैयद सज्जाद ज़हीर को, जो कम्युनिस्ट नेता और प्रगतिशील आंदोलन की दाग बेल रखने वाले अदीब थे, सैयद मतल्ली, सिब्ते हसन और डाक्टर अशरफ के साथ पाकिस्तान में इन्कलाब करने भेजा था। सज्जाद ज़हीर के फ़ैज़ अहमद 'फ़ैज़' के साथ घनिष्ठ सम्बन्ध थे और फ़ैज़ अहमद 'फ़ैज़' चूंकि फ़ौज में अफ़सर रह चुके थे, इसलिए पाकिस्तान के फ़ौजी अफ़सरों से उनके गहरे सम्बन्ध थे। 1951 में सज्जाद ज़हीर और फ़ैज़ अहमद 'फ़ैज़' को दो फ़ौजी अफ़सरों के साथ रावलपिंडी साज़िश केस में गिरफ़्तार कर लिया गया। उन पर लियाकत अली खां की हुकूमत का तख्ता उलटने का आरोप लगाया गया। इस केस में फ़ैज़ अहमद 'फ़ैज़' चार साल एक महीना ग्यारह दिन जेल में बन्द रहे। लगभग तीन महीने उन्हें कैदे-तनहाई की सज़ा मिली। ये तीन महीने उन्हें सरगोधा और लायलपुर की जेलों में गुज़ारने पड़े। इस दौरान बाहरी दुनिया से उनका सम्बन्ध कट गया था। मित्रों और बीवी-बच्चों से मिलने की इजाज़त नहीं थी यहाँ तक कि वह अपने क़लम का भी इस्तेमाल नहीं कर सकते थे। फ़ैज़ की अधिकांश नज़्में जो 'दस्ते-सबा' और 'ज़िंदाँनामा' में संग्रहीत हैं, इन चार सालों के दौरान जेल में लिखी गईं और वे बड़ी लोकप्रिय हुईं।

पाकिस्तान में हुकूमत जल्दी-जल्दी बदल रही थी। सत्ता एक हाथ से दूसरे हाथ में जा रही थी और ऊँचे वर्ग में सम्बन्ध थे, इसलिए मुकदमा नहीं चला। 'फ़ैज़' 20 अप्रैल, 1955 को रिहा हुए। 1958 में सुरक्षा एक्ट के अंतर्गत दोबारा गिरफ़्तार हुए और अप्रैल 1959 में रिहाई मिली।

1959 में 'फ़ैज़' पाकिस्तान आर्ट कौंसिल के सेक्रेटरी नियुक्त हुए। लेकिन इस पद पर उन्होंने थोड़े ही दिन काम किया और जून के अंत में लंदन चले गए। वहाँ से वह तीन बरस बाद 1962 में कराची वापस आए और अब्दुल्ला हारूं कालेज के प्रिंसिपल नियुक्त हुए।

'फ़ैज़' की कुछ साहित्यिक गतिविधियां भी उल्लेखनीय हैं। उन्होंने 1938 से 1939 तक उर्दू की प्रसिद्ध साहित्यिक पत्रिका 'अदबे-लतीफ' का संपादन किया। मियां इफ्तखारुद्दीन पंजाब के एक प्रसिद्ध नेता थे जो पंजाब प्रांतीय कांग्रेस के अध्यक्ष रहे, लेकिन देश-विभाजन के समय मुस्लिम लीग में चले गए थे। वे एक धनी व्यक्ति थे और अपने प्रगतिशील विचारों के कारण कम्युनिस्टों तक से उनके सम्बन्ध थे। मियां इफ्तखारुद्दीन ने अंग्रेज़ी में दैनिक 'पाकिस्तान टाइम्ज़', उर्दू में दैनिक 'इमरोज' और साप्ताहिक 'लैलो-निहार' पत्र-पत्रिकाओं का सिलसिला शुरू किया। फ़ैज़ अहमद 'फ़ैज़' इन सबके प्रधान संपादक थे।

फ़ैज़ अहमद 'फ़ैज़' को 1962 में अपनी साहित्यिक सेवाओं के लिए लेनिन पुरस्कार से सम्मानित किया गया। ख्रुश्चेव के सत्ता में आने के बाद दुनिया का सबसे पहला समाजवादी देश सोवियत रूस भी अमेरिका की तरह विस्तारवादी महाशक्ति बन गया था। अपनी नीतियों के प्रचार-प्रसार के लिए रूसी सरकार ने एफ्रो-एशिया रायटर्स फेडरेशन नाम की संस्था संगठित की। पहले फ़ैज़ अहमद 'फ़ैज़' के परम मित्र सैयद सज्जाद ज़हीर रूस के साहित्यिक एलची बने, इधर से उधर घूमते थे और इस एफ्रो-एशिया रायटर्स फेडरेशन को संगठित करने और चलाने की ज़िम्मेदारी सँभाले हुए थे। सज्जाद ज़हीर की मृत्यु के बाद यह ज़िम्मेदारी फ़ैज़ अहमद 'फ़ैज़' के कंधों पर आ पड़ी। अपनी इसी हैसियत में फ़ैज़ अहमद 'फ़ैज़' इस फेडरेशन की बेरुत से छपने वाली पत्रिका 'लोटस' के संपादक भी बन गए।

1981 में फ़ैज़ अहमद 'फ़ैज़' की सत्तरवीं वर्षगांठ थी। अफ़गानिस्तान में रूसी सैनिक हस्तक्षेप के कारण पाक सरकार और रूसी सरकार के सम्बन्ध अच्छे नहीं थे। इसलिए फ़ैज़ ने अपनी यह वर्षगांठ बेरुत से हिन्दुस्तान में आकर मनाई। यहाँ उनके चाहने वाले पाठक और रूसी लॉबी के काफ़ी लोग थे, जो यह वर्षगांठ मनाने में उपयोगी सिद्ध हुए।

1970 के आस-पास पाकिस्तानी पंजाब में पंजाबी लेखक पंजाबी में लिखें, का आंदोलन शुरू हुआ। इस सिलसिले में हस्ताक्षर-अभियान चलाया गया। फ़ैज़ अहमद 'फ़ैज़' ने उस पर न सिर्फ़ हस्ताक्षर किए बल्कि पंजाबी में 'जट्ट दा तराना' नाम का गीत भी लिखा जो इस प्रकार शुरू होता है :

उट्ठ उत्तां नूं जट्टा
मरदा क्यों जाएं
भोलया, तूं जग दा अन्नदाता
तेरी बांदी धरती माता
तूं जग दा पालनहारा,
उट्ठ उत्तां नूं जट्टा
मरदा क्यों जाएं;

'फ़ैज़' को दमे का रोग था। जब रोग इतना बढ़ा कि लाइलाज दिखाई पड़ने लगा तो वह लाहौर चले आए। 18 नवंबर, 1985 को उन्हें मेयो अस्पताल में दाखिल किया गया। 20 नवंबर, मंगलवार के दिन एक बजकर पंद्रह मिनट पर ईस्ट मेडिकल वार्ड में उनकी मृत्यु हो गई।

'फ़ैज़' की संतानें दो बेटियाँ हैं। बड़ी बेटी सलमा 1942 में और छोटी बेटी मुनीजा 1945 में पैदा हुई।

'फ़ैज़' की पांच बहनें और चार भाई थे। दो भाई और तीन बहनों की मृत्यु 'फ़ैज़' की ज़िंदगी में हो गई थी।

सुना है कि बड़ी बेटी सलमा, 'फ़ैज़' पर एक फ़िल्म तैयार कर रही है। वह इस सिलसिले में पिछले दिनों हिन्दुस्तान भी आई थी।

'फ़ैज़' ने अपने आख़िरी दिनों में एक नज़्म 'इधर न देखो' लिखी

थी जो इस संकलन में भी शामिल है। इस नज़्म में वह कहते हैं :

इधर न देखो
कि जो बहादुर
क़लम के या तेग़ के धनी थे
जो अज़्मो-हिम्मत के मुद्दई थे।
अब उनके हाथों में
सिद्‌को-ईमां की पुरानी आजमूदा तलवार मुड़ गई है।

शायद यह भी ऐतराफे-शिकस्त यानी पराजय की आत्म-स्वीकृति है।

'फ़ैज़' का पहला कविता संग्रह जुलाई 1945 में प्रकाशित हुआ। नाम था—'नक्शे-फ़रियादी।' इसकी संक्षिप्त भूमिका में 'फ़ैज़' ने लिखा है, ''इस मजमुआ की इशाअत एक तरह एतराफ़े-शिकस्त (पराजय की स्वीकृति) है। शायद इसमें दो बार नज़्में काबिले-बरदाश्त हों। लेकिन दो-बार नज़्मों को किताबी सूरत में तबा करवाना (छपवाना) मुमकिन नहीं। उसूलन मुझे तब तक इन्तज़ार करना चाहिए था कि ऐसी नज़्में ज़्यादा तादाद में जमा हो जाएं। लेकिन यह इन्तज़ार कुछ अबस (व्यर्थ) मालूम होने लगा है। शे'र लिखना जुर्म न सही, लेकिन बेवजह शे'र लिखते रहना ऐसी दानिशमंदी भी नहीं...''

इससे शे'र के बारे में 'फ़ैज़' का नज़रिया स्पष्ट हो जाता है। उन्होंने लिखने के लिए नहीं लिखा बल्कि किसी एक निश्चित भावना—किसी एक निश्चित विचार को शे'र का रूप प्रदान किया है। कविता-संग्रह यदि छोटा है तो छोटा सही, उसे खामखाह बड़ा बनाने के लिए लिखना कोई दानिशमंदी नहीं।

'फ़ैज़' के इस छोटे-से संग्रह की चन्द अच्छी नज़्मों ने ही उसे चर्चित और लोकप्रिय बना दिया।

इस संग्रह की 'मुझसे पहली-सी मोहब्बत मेरी महबूब न मांग' एक ऐसी नज़्म है, जिसे रोमान और यथार्थ का, प्यार और कटुता का सुन्दर

सामंजस्य कहा जा सकता है और एक-एक शे'र अनायास दिल में उतर जाता है :

मुझसे पहली-सी मोहब्बत मेरी महबूब न मांग

क्यों न मांगे? मुहब्बत को जब इब्तदा हुई तो शायर एक गलतफ़हमी में मुब्तला था और वह गलतफ़हमी यह थी :

मैंने समझा था कि तू है तो दरख़्शां[1] है हयात[2]
तेरा ग़म है तो ग़मे दहर का झगड़ा क्या है?
तेरी सूरत से है आलम में बहारों को सबात[3]
तेरी आंखों के सिवा दुनिया में रखा क्या है?
तू जो मिल जाये तो तकदीर निगूं[4] हो जाए

लेकिन।

यों न था, मैंने फकत चाहा था, यों हो जाए
और भी दुख हैं ज़माने में मुहब्बत के सिवा

ज़माने के ये दुख मामूली दुख नहीं, बड़े जानलेवा हैं, दिल को दहला देने वाले हैं।

जा-बजा बिकते हुए कूचो-बाज़ार में जिस्म
खाक में लिथड़े हुए, खून में नहलाए हुए
पीप बहती हुई गलते हुए नासूरों से
लौट जाती है इधर को भी नज़र क्या कीजे।

इन दुखों का इलाज भी तो सोचना होगा, सिर्फ़ सोचना ही काफ़ी नहीं, इस स्थिति को बदलने के लिए संघर्ष भी करना होगा इसलिए :

मुझसे पहली-सी मोहब्बत मेरी महबूब न मांग

---

1. रोशन 2. ज़िन्दगी 3. दुनिया का ग़म 4. झुकना, विजय हो जाये

इस संग्रह में इसी तरह की एक दूसरी नज़्म है "चंद रोज़ और मेरी जान!"

चंद रोज़ और मेरी जान, फकत चंद ही रोज़
ज़ुल्म की छाँओं में दम लेने पै मजबूर हैं हम
और कुछ देर सितम सह लें, तड़प लें, रो लें
अपने अजदाद की मीरास[1] है मांज़ूर[2] हैं हम
जिस्म पर क़ैद है, जज़्बात पै ज़ंजीरे हैं
फ़िक्र[3] महबूस[4] है, गुफ्तार पै ताज़ीरें[5] हैं।
अपनी हिम्मत है कि हम फिर भी जिए जाते हैं
ज़िंदगी क्या है किसी मुफलिस की कबा[6] है, जिसमें
हर घड़ी दर्द के पेबंद लगे जाते हैं
लेकिन अब ज़ुल्म की मीयाद के दिन थोड़े हैं
इक ज़रा सब्र कि फरियाद के दिन थोड़े हैं।

यों 'फ़ैज़' का यह छोटा-सा संग्रह नए तेवर, नया स्वर और नए अंदाज़ के साथ सामने आया। उर्दू के आधुनिक शायरों में इसरारुल हक मजाज़ के बाद फ़ैज़ अहमद 'फ़ैज़' कुछ ही दिनों में लोकप्रिय हो गए। मजाज़ की मुशायरों और अदबी महफ़िलों में तूती बोलती थी। वह मज़दूरों और किसानों की सभाओं में भी जाते थे, प्रगतिशील आंदोलन से जुड़े हुए थे और 'आज का झंडा है हमारे हाथ में', झूम-झूमकर गाते थे। 'फ़ैज़' ने किसी भी आंदोलन का झंडा नहीं उठाया। वह मुशायरों के बजाय अदबी महफ़िलों के शायर थे। धीमे-धीमे बात करते और धीमे स्वर में पढ़ते थे। उन्हें गालिब और इक़बाल के सिलसिले का शायर कहा जाता है। इसका मतलब है कि उनमें उर्दू क्लासिकल शायरी के मुहावरे और हुस्न का रसाव था। लेकिन इसके साथ ही उपमाएं और प्रतीक उनके अपने थे जो नए भी थे और सहज में समझे भी जा सकते थे। जैसे, उनकी एक नज़्म का शीर्षक है 'कुत्ते', यह नज़्म 'नक्शे-फ़रियादी' में प्रकाशित हुई और इस संकलन में भी शामिल है। शुरू यों होती है :

---

1. बपौती 2. विवश 3. चिन्तन 4. कैद 5. पाबन्दी 6. कमीज़-कुर्ता

ये गलियों के आवारा बेकार कुत्ते
कि बख़्शा गया जिनको जौके गदाई।
ज़माने की फटकार सरमाया इनका
जहां भर की दुतकार इनकी कमाई।

और खत्म यों होती है :

ये चाहें तो दुनिया को अपना बना लें
ये आकाओं की हड्डियां तक चबा लें
कोई इनको एहसासे-ज़िल्लत दिला दे
कोई इनकी सोई हुई दुम हिला दे।

यहाँ कुत्ते उन बेघर लोगों के प्रतीक हैं, जो अपनी रातें फुटपाथ पर बिताते हैं, आवारा घूमते, ज्यों-त्यों पेट भरते और सबकी फटकार सहते हैं। इन्हें 'लुंपन प्रालीतारियत' भी कहा जाता है। जैसे कुत्ते प्रतीक हैं उसी तरह 'सिर उठाने' और 'दुम हिलाने', 'हड्डियां तक चबाने' आदि भी प्रतीक हैं, जो सहज ही समझ में आते हैं। इनमें ज़िंदगी का यथार्थ भी है और ज़िंदगी को बदलने की प्रबल इच्छा भी है। यह शायरी जहां मध्य वर्ग के असंतुष्ट युवकों को पसंद आती है, वहां उच्च वर्ग को भी अखरती नहीं क्योंकि ये आवारा कुत्ते कभी बगावत नहीं करते, दुम हिलाओ तो ज़्यादा-से-ज़्यादा भौंकते हैं और फिर चुप हो जाते हैं।

बहरहाल 'फ़ैज़' की शायरी में रोमानियत भी है, ज़िंदगी का यथार्थ भी है, तब्दीली का एहसास भी है, मुहावरे और हुस्न का रचाव भी है और फिर नई उपमाएं और नए प्रतीक भी हैं। 'फ़ैज़' की शायरी में जो बगावत का एहसास है, उससे किसी को संतोष मिलता है तो किसी का मन बहलता है। अपने इन्हीं गुणों के कारण 'फ़ैज़' को जो शोहरत मिली वह दिन-दिन बढ़ती चली गई और वह पाँचवें दशक से नवें दशक में अपनी मृत्यु तक लगभग चालीस बरस तक उर्दू शायरी में गगन पर छाए रहे।

—हंसराज रहबर

'फ़ैज़' : जीवनी और उनकी शायरी

'फ़ैज़' की शायरी के पीछे वर्षों बल्कि सदियों की साहित्यिक पूंजी है, मैं तो यह कहूंगा कि स्वयं साहित्य और समाज दोनों मिलकर वर्षों तपस्या करते हैं, तब जाकर ऐसी मन्त्रमुग्ध कर देने वाली शायरी जन्म लेती है।

''शे'र लिखना जुर्म न सही लेकिन बेवजह शे'र लिखते रहना ऐसी अक़्लमंदी भी नहीं है।'' 'फ़ैज़' के पहले कविता संग्रह 'नक़्शे-फ़रियादी' की भूमिका में इस वाक्य को पढ़ते हुए मुझे 'ग़ालिब' का वह वाक्य याद आ गया, जिसमें उर्दू के सबसे बड़े शायर ने कहा था कि जब से मेरे सीने (छाती) का नासूर बन्द हो गया है, मैंने शे'र कहना छोड़ दिया है।

सीने का नासूर चाहे इश्क़ या प्रणय की भावना हो, चाहे स्वतंत्रता, देश एवं मानव-प्रेम की भावना, कविता ही के लिए नहीं समस्त ललित कलाओं के लिए अनिवार्य है। अध्ययन और अभ्यास से हमें बात कहने का सलीक़ा तो आ सकता है लेकिन अपनी बात को वज़नी बनाने और दूसरे के मन में बिठाने के लिए स्वयं हमें अपने मन में उतरना पड़ता है। विश्व-साहित्य में बहुत-सी मिसालें मिलती हैं कि किसी कवि अथवा लेखक ने कुछ एक बहुत अच्छी कविताएं, एक बहुत अच्छा उपन्यास या दस-पन्द्रह बहुत अच्छी कहानियां लिखने के बाद लिखने से हाथ खींच लिया और फिर समालोचकों या पाठकों के तक़ाजों से जब उसने पुनः कलम उठाई तो वह बात पैदा न हो सकी, जो उसके 'कच्चेपन' के ज़माने में हुई थी। कदाचित् इसी बात को लेकर 'नक़्शे-फ़रियादी' की भूमिका में 'फ़ैज़' ने अपनी दो-चार नज़्मों को क़ाबिले-बर्दाश्त क़रार देते हुए लिखा था कि ''आज से कुछ बरस पहले एक मुअय्यन जज़्बे (निश्चित भावना) के ज़ेरे-असर अशआर (शे'र) ख़ुद-ब-ख़ुद वारिद (आगत) होते थे, लेकिन

अब मज़ामीन (विषय) के लिए तजस्सुस (तलाश) करना पड़ता है...हममें से बेहतर की शायरी किसी दाखली या खारिजी मुहर्रक (आंतरिक या बाह्य प्रेरक) की दस्ते-निगर (आभारी) होती है और अगर उन मुहर्रिकात की शिद्दत (तीव्रता) में कमी आ जाए या उनके इज़हार (अभिव्यक्ति) के लिए कोई सहल रास्ता पेशेनज़र न हो तो या तो तजुर्बात को मस्ख़ (विकृत) करना पड़ता है या तरीके-इज़हार को। ऐसी सूरते-हालात पैदा होने से पहले ही ज़ौक़ और मसलहत का तक़ाज़ा यही है कि शायर को जो कुछ कहना हो कह ले, अहले-महफ़िल का शुक्रिया अदा करे और इजाज़त चाहे।''

'फ़ैज़' के आंतरिक या बाह्य प्रेरकों में सबसे बड़ा प्रेरक 'हुस्नो-इश्क़', है; बल्कि उसने तो यहाँ तक कह दिया था कि :

लेकिन उस शोख़ के आहिस्ता से खुलते हुए होंट
हाए उस जिस्म के कमबख़्त दिलावेज़ खुतूत[1]
आप ही कहिए कहीं ऐसे भी अफ़सूं[2] *होंगे*
अपना मौजूए-सुख़न[3] *इनके सिवा और नहीं*
तबए-शायर का[4] *वतन इनके सिवा और नहीं*

('मौजूए-सुख़न')

मगर इस बंद के शुरू के 'लेकिन' से पहले उसने जिन चीज़ों को अपना मौजूए-सुख़न बनाना पसंद नहीं किया था और :

इन दमकते हुए शहरों की फ़रावां मख़लूक़[5]
क्यों फ़क़त मरने की हसरत में जिया करती है
ये हसीं खेत, फटा पड़ता है जोबन जिनका
किसलिए इन में फ़क़त भूक उगा करती है

ऐसे प्रश्न हल किए बिना छोड़ दिए थे, वही 'साधारण' प्रश्न बाद में उसकी आंतरिक और बाह्य प्रेरणाओं का स्रोत बने और

---

1. हृदयाकर्षक रेखाएँ (बनावट) 2. जादू 3. काव्य-विषय 4. शायर की प्रवृत्ति 5. विशाल जनता

यही वे प्रश्न थे जिन्होंने उसे अहले-महफ़िल का शुक्रिया अदा करके उठ आने से रोका और उर्दू साहित्य को एक बड़ा शायर प्रदान किया।

फ़ैज़ अहमद 'फ़ैज़' आधुनिक काल के उन चन्द बड़े शायरों में से हैं जिन्होंने काव्य-कला में नए प्रयोग तो किए लेकिन उनकी बुनियाद पुराने प्रयोगों पर रखी और इस आधार-भूत तथ्य को कभी नहीं भुलाया कि हर नई चीज़ पुरानी कोख से जन्म लेती है। यही कारण है कि उसकी शायरी का अध्ययन करते समय हमें किसी प्रकार की अजनबियत महसूस नहीं होती। पेचीदा और अस्पष्ट उपमाओं से वह हमें उलझन में नहींडालता बल्कि अपने कोमल स्वर में वह हमसे सरगोशियां करता है और उसकी सरगोशी इतनी अर्थपूर्ण होती है कि कुछ शब्द कान में पड़ते ही मनोभाव उभर आते हैं। 'फ़ैज़' के पहले कविता-संग्रह 'नक़्शे-फ़रियादी' का पहला पन्ना ही देखिएः

रात यूं दिल में तेरी खोई हुई याद आई
जैसे वीराने में चुपके-से बहार आ जाए
जैसे सहराओं में[1] हौले से चले बादे-नसीम[2]
जैसे बीमार को बेवजह क़रार आ जाए

प्रेयसी की याद कोई नया काव्य-विषय नहीं है; लेकिन इन सुन्दर उपमाओं और अपनी विशेष वर्णन-शैली से उसने इसे बिलकुल नया बल्कि अछूता बना दिया है। इस एक क़त्ए ही की नहीं यह उसकी समूची शायरी की विशेषता है कि वह नई भी है और पुरानी भी। वर्तमान की उपज है; लेकिन अतीत की उत्तराधिकारी है। नए विषय पुरानी शैली में और पुराने विषय नए ढंग से प्रस्तुत करने का जो कला-कौशल 'फ़ैज़' को प्राप्त है, आधुनिक काल के बहुत कम शायर उसकी गर्द को पहुंचते हैं। ज़रा 'ग़ालिब' का यह शे'र देखिए :

दिया है दिल अगर उसको बशर है क्या कहिए
हुआ रक़ीब[3] तो हो, नामावर[4] है क्या कहिए

---

1. मरुस्थलों में 2. मृदुल समीर 3. प्रतिद्वन्द्वी 4. पत्र-वाहक

और अब इसी विषय को 'फ़ैज़' की नज़्म 'रक़ीब से' के दो शे'रों में देखिए :

तूने देखी है वो पेशानी[1], वो रुख़्सार[2], वो होंट
ज़िन्दगी जिनके तसव्वुर में[3] लुटा दी हमने
हमने इस इश्क़ में क्या खोया है, क्या पाया है
जुज़ तेरे[4] और को समझाऊं तो समझा न सकूं

महबूब, आशिक़ रक़ीब और इश्क़ के मुआमलों तक ही सीमित नहीं, 'फ़ैज़' ने हर जगह नई और पुरानी बातों और नई और पुरानी शैली का बड़ा सुन्दर समन्वय प्रस्तुत किया है। 'ग़ालिब' का एक और शे'र है :

लिखते रहे जुनूं की[5] हिकायाते-खूंचकां[6]
हरचंद इसमें हाथ हमारे क़लम हुए[7]

और 'फ़ैज़' का शे'र है :

हम परवरिशे-लौहो-क़लम[8] करते रहेंगे
जो दिल पे गुज़रती है रक़म करते रहेंगे[9]

इन उदाहरणों से मेरा उद्देश्य 'फ़ैज़' और 'ग़ालिब' की शायरी के तुलनात्मक मूल्य दर्शाना नहीं है और यह भी अभिप्राय नहीं है कि हमें अतीत की समस्त परम्पराओं को ज्यों का त्यों अपना लेना चाहिए। कुछ परम्पराएँ, चाहे वे साहित्य की हों, संस्कृति की हों या अन्य सामाजिक क्षेत्रों की, अपनी ऐतिहासिक भूमिका निभाने के बाद अपनी मौत आप मर जाती हैं। उन्हें नए सिरे से जिलाने का मतलब गड़े मुर्दे उखाड़ना और ऐतिहासिक विकास से अपनी अनभिज्ञता प्रकट करना है। लेकिन इससे भी खतरनाक बात यह है कि नयेपन के उन्माद में पुरानी चीज़ों को केवल इसलिए घृणा के योग्य मान लिया जाए कि वे पुरानी हैं। धरती, आकाश, चाँद, सितारे, सूरज, समुद्र और पहाड़ सब पुराने हैं, लेकिन हमें ये चीज़ें पसंद हैं; और

---

1. माथा 2. कपोल 3. कल्पना में 4. तेरे सिवा 5. प्रेमोन्माद की 6. रक्तिम कथा 7. कट गए 8. तख्ती और कलम का प्रयोग 9. लिखते रहेंगे

इसलिए पसंद हैं कि हम प्रतिक्षण इन्हें बदलते रहते हैं—यानी इनके सम्बन्ध में हमारा दृष्टिकोण बदलता रहता है। हम इनके बारे में नई बातें मालूम कर लेते हैं और इस तरह ये समस्त पुरानी चीज़ें सदैव नई बनी रहती हैं।

यह एक बड़ी विचित्र लेकिन प्रशंसनीय वास्तविकता है कि प्राचीन और नवीन शायरों की महफ़िल में खपकर भी 'फ़ैज़' की अपनी एक अलग हैसियत है। उसने काव्य-कला के नियमों में कोई उल्लेखनीय परिवर्तन नहीं किया, और न कभी अपनी अद्वितीयता प्रकट करने के लिए 'मीराजी' (उर्दू के एक प्रयोगवादी शायर) की तरह यह कहा है कि "अकसरियत (बहुजनों) की नज़्में अलग हैं और मेरी नज़्में अलग; और चूंकि दुनिया की हर बात हर शख़्स के लिए नहीं होती इसलिए मेरी नज़्में भी सिर्फ़ उनके लिए हैं जो उन्हें समझने के अहल हों।" (यह अद्वितीयता शायर की है, शायरी की नहीं) फिर भी उसके किसी शे'र पर उसका नाम पढ़े बिना हम बता सकते हैं कि यह 'फ़ैज़' का शे'र है। 'फ़ैज़' की शायरी की 'अद्वितीयता' आधारित है उसकी शैली के लोच और मंदगति पर, कोमल, मृदुल और सौ-सौ जादू जगाने वाले शब्दों के चयन पर, 'तरसी हुई नाकाम निगाहें' और 'आवाज़ में सोई हुई शीरीनियां' ऐसी अलंकृत परिभाषाओं और रूपकों पर, और इन समस्त विशेषताओं के साथ गूढ़ से गूढ़ बात कहने के सलीके पर। उर्दू के एक बुज़ुर्ग शायर 'असर' लखनवी ने शायद बिलकुल ठीक लिखा है कि " 'फ़ैज़' की शायरी तरक़्क़ी के मदारिज (दर्जे) तय करके अब इस नुक्ता-ए-उरूज (शिखर-बिन्दु) पर पहुँच गई है, जिस तक शायद ही किसी दूसरे तरक्क़ी-पसंद (प्रगतिशील) शायर की रसाई हुई हो। तख़य्युल (कल्पना) ने सनाअत (शिल्प) के जौहर दिखाए हैं और मासूम जज़्बात को हसीन पैकर (आकार) बख़्शा है। ऐसा मालूम होता है कि परियों का एक ग़ौल (झुण्ड) एक तिलिस्मी फ़ज़ा (जादुई वातावरण) में इस तरह मस्ते-परवाज़ (उड़ने में मस्त) है कि एक पर एक की छूत पड़ रही है और क़ौसे-क़ुज़ह (इन्द्रधनुष) के अक़्कास (प्रतिरूपक) बादलों से सबरंगी बारिश हो रही है...।"

अपनी शायरी की तरह अपने व्यक्तिगत जीवन में भी 'फ़ैज़' को

किसी ने ऊँचा बोलते नहीं सुना। बातचीत के अतिरिक्त मुशायरों में भी वह इस तरह अपने शे'र पढ़ता है, जैसे उसके होंठों से यदि एक ज़रा ऊँची आवाज़ निकल गई तो न जाने कितने मोती चकनाचूर हो जाएंगे। वह सेना में कर्नल रहा, जहाँ किसी नर्मदिल अधिकारी की गुंजाइश नहीं होती। उसने कालेज की प्रोफ़ेसरी की, जहां कालेज के लड़के प्रोफ़ेसर तो प्रोफ़ेसर शैतान तक को अपना स्वभाव बदलने पर विवश कर दें। उसने रेडियो की नौकरी की, जहाँ अपने मातहतों को न डाँटने का स्वभाव अफ़सर की नालायक़ी समझा जाता है। उसने पत्रकारिता जैसा जोखिम का पेशा भी अपनाया और फिर जब पाकिस्तान सरकार ने इस देवता-स्वरूप व्यक्ति पर हिंसात्मक विद्रोह का आरोप लगाकर जेल में डाल दिया तब भी मेजर मोहम्मद इसहाक़ ('फ़ैज़' के जेल के साथी) के कथनानुसार, "कहीं पास-पड़ोस में तू-तू मैं-मैं हो, दोस्तों में तल्ख़-कलामी हो, या यूं ही किसी ने त्योरी चढ़ा रखी हो, 'फ़ैज़' की तबीयत ज़रूर खराब हो जाती थी और इसके साथ ही शायरी की कैफ़ियत (मूड) भी काफ़ूर हो जाती थी।" 'फ़ैज़' ने अपने निर्दोष होने का तथा उच्चाधिकारियों के षड्यंत्रों का ज़िक्र किया भी तो इस भाषा में :

फ़िक्रे-दिलदारिये-गुलज़ार[1] करूं या न करूं
ज़िक्रे-मुर्ग़ाने-गिरफ़्तार[2] करूं या न करूं
क़िस्सए-साज़िशे-अग़ियार[3] कहूं या न कहूं
शिकवए-यारे-तरहदार[4] करूं या न करूं
जाने क्या वज़अ[5] है अब रस्मे-वफ़ा[6] की ऐ दिल
वज़ए-देरीना पे[7] इसरार[8] करूं या न करूं

'फ़ैज़' के स्वर की यह नर्मी और गंभीरता उसके प्राचीन साहित्य के विस्तृत अध्ययन और मौलिक रूप से रोमांटिक 'शायर होने की देन' है।

---

1. देश-रूपी वाटिका की दिलदारी की चिन्ता 2. कैदी पक्षियों की चर्चा 3. शत्रुओं के षड्यन्त्र की कहानी 4. रंगीले यार की शिकायत 5. तरीक़ा 6. प्रेम निभाने की परिपाटी 7. पुराने ढंग पर 8. आग्रह

लेकिन उसका रोमांसवाद चूंकि भौतिक संसार का रोमांसवाद है (प्रारम्भ की नज़्मों को छोड़कर) और शायर का कर्त्तव्य उसके मतानुसार यह है कि वह जीवन से अनुभव प्राप्त करे और उस पर अपनी छाप लगाकर उसे फिर से जीवन को लौटा दे, इसलिए उसने बहुत शीघ्र सुर्ख होंठों पर तबस्सुम की ज़िया[1] मरमरीं हाथों की लर्ज़िशों, मखमली बांहों और दमकते हुए रुख़्सारों[2] के सुनहरे पर्दों के उस पार वास्तविकता की झलक देख ली[3]। आरज़ुओं के मक़तल[4], भूख उगाने वाले खेत, खाक में लिथड़े और खून में नहलाये हुए जिस्म, बाज़ारों में बिकता हुआ मज़दूर का गोश्त और नातुवानों[5] के निवालों पर झपटते हुए उक़्क़ाव[6] देख लिए और कहने को तो उसने अपनी प्रेयसी से कहा लेकिन वास्तव में वह अपनी रोमांटिक शायरी से सम्बोधित हुआ :

अब भी दिलकश है तेरा हुस्न मगर क्या कीजे
और भी दुख हैं ज़माने में मोहब्बत के सिवा
राहतें और भी हैं वस्ल की राहत के सिवा
मुझसे पहली-सी मोहब्बत मेरी महबूब न मांग !

और फिर रोमांसवाद से पूर्णतया मुक्त उसने राजनीतिक नज़्में भी लिखीं और देश-प्रेम को ठीक उसी वेदना और व्यथा के साथ व्यक्त किया जैसा कि प्रेयसी के प्रेम को किया था।

उर्दू के एक आलोचक मुम्ताज़ हुसैन के कथनानुसार उसकी शायरी में अगर एक परम्परा क़ैस (मजनूं) की है तो दूसरी मन्सूर[7] की। 'फ़ैज़' ने इन दोनों परम्पराओं को अपनी शायरी में कुछ इस प्रकार समो लिया

---

1. मुस्कान की ज्योति 2. कपोलों 3. मेरे विचार में इसका एक कारण यह भी है कि इश्क़ ने 'फ़ैज़' के साथ बहुत अच्छा व्यवहार किया है और उसे अपने-आप में नहीं उलझाए रखा। 4. वध-स्थल 5. दुर्बलों 6. बाज पक्षी 7. एक प्रसिद्ध ईरानी वली जिनका विश्वास था कि आत्मा और परमात्मा एक ही है और उन्होंने 'अनल-हक' (सोऽहं—मैं ही परमात्मा हूँ) की आवाज़ उठाई थी। उस समय के मुसलमानों को उनका यह नारा अधार्मिक लगा और उन्होंने उन्हें फाँसी दे दी।

है कि उसकी शायरी स्वयं एक परम्परा बन गई है। वह जब भी महफ़िल में आया, एक छोटी-सी पुस्तक, एक क़तआ़, ग़ज़ल के कुछ शे'र, कुछ यूं ही-सा काव्य-अभ्यास और कुछ क्षमा-याचना की बातें लेकर आया, लेकिन जब भी और जैसे भी आया खूब आया। दोस्त-दुश्मनों ने सिर हिलाया, चर्चा हुई। कुछ लोगों ने यह कहकर पुस्तक पटक दी—इसमें रखा ही क्या है; लेकिन फिर वही पुस्तक के शे'रों को गुनगुनाने भी लगे[1]। कैसी आश्चर्यजनक वास्तविकता है कि केवल चन्द नज़्मों और चन्द ग़ज़लों का शायर होने पर भी 'फ़ैज़' की शायरी एक बाक़ायदा 'स्कूल ऑफ़ थॉट' का दर्जा रखती है और नई पीढ़ी का कोई उर्दू शायर अपनी छाती पर हाथ रखकर इस बात का दावा नहीं कर सकता कि वह किसी-न-किसी रूप में 'फ़ैज़' से प्रभावित नहीं हुआ। रूप और रस, प्रेम और राजनीति, कला और विचार का जैसा सराहनीय समन्वय फ़ैज़ अहमद 'फ़ैज़' ने प्रस्तुत किया है और प्राचीन परम्पराओं पर नवीन परम्पराओं का महल उसारा है, निःसंदेह वह उसी का हिस्सा है और आधुनिक उर्दू शायरी उसकी इस देन पर जितना गर्व करे कम है।

—प्रकाश पंडित

---

1. 1952 में जब 'फ़ैज़' जेल में थे और उनकी दूसरी पुस्तक 'दस्ते-सबा' प्रकाशित हुई थी तो स्वर्गीय सज्जाद ज़हीर (उर्दू के प्रसिद्ध साहित्यकार, कम्युनिस्ट नेता और 'फ़ैज़' के जेल के साथी) ने तो यहां तक कह दिया था कि "बहुत अरसा गुज़र जाने के बाद जब लोग रावलपिंडी साज़िश के मुकद्दमे को भूल जाएंगे और पाकिस्तान का मुवर्रिख़ (इतिहासकार) 1952 के अहम वाक़यात पर नज़र डालेगा तो ग़ालिबन इस साल का सबसे अहम तारीख़ी वाक़या (ऐतिहासिक घटना) नज़्मों की इस छोटी-सी किताब की इशाअ़त (प्रकाशन) को ही क़रार दिया जाएगा।"

पत्र-व्यवहार

प्रकाश पंडित और फ़ैज़ के दरम्यान आत्मीय सम्बन्ध थे उसी का उदाहरण हैं ये दिलचस्प पत्र—

पाकिस्तान टाइम्ज़, लाहौर
11-10-57

बरादरम प्रकाश पंडित, तस्लीम!

आपके दो ख़त मिले। भई, मुझे अपने हालाते-ज़िन्दगी में क़तई दिलचस्पी नहीं है, न मैं चाहता हूं कि आप उन पर अपने पढ़ने वालों का वक्त ज़ाया करें। इन्तिख़ाब (कविताओं के चयन) और उसकी इशाअत (प्रकाशन) की आपको इजाज़त है। अपने बारे में मुख़्तसर मालूमात लिखे देता हूं। पैदाइश सियालकोट, 1911, तालीम स्कॉट मिशन हाई स्कूल सियालकोट, गवर्नमेंट, कालेज लाहौर (एम.ए. अंग्रेज़ी 1933, एम.ए. अरबी 1934)। मुलाज़मत एम.ए.ओ. कालेज अमृतसर 1934 से 1940 तक। हेली कालेज लाहौर 1940 से 1942 तक। फ़ौज में (कर्नल की हैसियत से) 1942 से 1947 तक। इसके बाद 'पाकिस्तान टाइम्ज़' और 'इमरोज़' की एडीटरी ताहाल (अब तक)। मार्च 1951 से अप्रैल 1955 तक जेलख़ाना (रावलपिंडी कान्सपिरेंसी केस के सिलसिले में)। किताबें 'नक्शे-फ़र्यादी', 'दस्ते सबा' और 'ज़िंदाँनामा'।

आपका
'फ़ैज़'

बेरुत, लेबनान

25-6-1981

मुकर्रमी प्रकाश पंडित, तस्लीम!

आपका ख़त बेरुत वापसी पर अभी-अभी मौसूल हुआ है, इसलिए जवाब में ताख़ीर हुई। नई किताब या आपकी पुरानी किताब की नई इशाअत (प्रकाशन) के सिलसिले में सूरत यह है कि बाद के कलाम का एक इंतिख़ाब (चयन) शीला सिंधू, राजकमल की तरफ़ से छाप चुकी हैं, और ताज़ा मजमूआ (संग्रह) 'मिरे दिल, मिरे मुसाफ़िर' भी उनके पास है। मुझे ठीक से इल्म नहीं कि उनके इंतिख़ाब में जो 'फ़ैज़' के नाम से छपा है, कौन सी मनज़ूमात (नज़्में) शामिल हैं, इसलिए आपकी इशाइत के लिए कुछ तजवीज़ करना मुश्किल है। मेरी सारी किताबें देहली में दस्तयाब (प्राप्य) हैं। कुछ ग़लत-सलत मतबूआत (पुस्तकों) के अलावा अलीगढ़ यूनिवर्सिटी और जामिया मिलिया, देहली की किताबें काफ़ी सलीक़े से छपी हैं। आप उनमें से ख़ुद ही इंतिख़ाब कर लीजिए।

हमारी ज़िन्दगी या 'कारनामों' की फ़ेहरिस्त भी शीला सिंधू वाली किताब में है, वहां से ले लीजिए।

आपकी अलालत (बीमारी) का सुनकर तशवीश हुई। उमीद है, यह आई बला टल गई होगी।

फ़ैज़ अहमद 'फ़ैज़'

नज़्में

मुझसे पहली सी मोहब्बत मेरी महबूब न मांग!

मुझसे पहली सी मोहब्बत मेरी महबूब न मांग!
मैंने समझा था कि तू है तो दरख़्शां[1] है हयात[2]
तेरा ग़म है तो ग़मे-दहूर का[3] झगड़ा क्या है
तेरी सूरत से है आलम में[4] बहारों को सबात[5]
तेरी आंखों के सिवा दुनिया में रक्खा क्या है

तू जो मिल जाए तो तक़दीर निगू हो जाए[6]
यूं न था, मैंने फ़कत[7] चाहा था यूं हो जाए
और भी दुख हैं ज़माने में मोहब्बत के सिवा
राहतें[8] और भी हैं वस्ल की[9] राहत के सिवा
अनगिनत सदियों के तारीक बहीमाना तिलिस्म[10]
रेशमो-अतलसो-कमख्वाब के बुनवाये हुए
जा-ब-जा बिकते हुए कूचा-ओ-बाज़ार में जिस्म
ख़ाक में लिथड़े हुए, ख़ून में नहलाये हुए

ज़िस्म निकले हुए अमराज़ के[11] तन्नूरों से
पीप बहती हुई गलते हुए नासूरों से

लौट जाती है उधर को भी नज़र, क्या कीजे
अब भी दिलकश है तेरा हुस्न, मगर क्या कीजे
और भी दुख हैं ज़माने में मोहब्बत के सिवा
राहतें और भी हैं वस्ल की राहत के सिवा
मुझसे पहली सी मोहब्बत मेरी महबूब न मांग!

['नक़्शे-फ़रियादी']

---

1. प्रकाशमान 2. जीवन 3. सांसारिक चिन्ताओं का 4. संसार में 5. स्थायित्व 6. सिर झुका ले 7. केवल 8. आनन्द 9. मिलन की 10. अन्धकारपूर्ण पाशविक जादू 11. रोगों के

ख़ुदा वो वक़्त न लाए...

ख़ुदा वो वक़्त न लाए कि सोगवार[1] हो तू !
सुकूं की[2] नींद तुझे भी हराम हो जाए
तेरी मसर्रते-पैहम[3] तमाम हो जाए
तेरी हयात[4] तुझे तल्ख़-जाम[5] हो जाए
ग़मों से आईना-ए-दिल[6] गुदाज़[7] हो तेरा !

हुजूमे-यास से[8] बेताब होके रह जाए
बफ़ूरे-दर्द से[9] सीमाब[10] होके रह जाए
तेरा शबाब[11] फ़क़त[12] ख़्वाब होके रह जाए
ग़रूरे-हुस्न[13] सरापा नियाज़[14] हो तेरा !

तवील[15] रातों में तू भी क़रार को[16] तरसे
तेरी निगाह किसी ग़म-गुसार को[17] तरसे
ख़िज़ां-रसीदा-तमन्ना[18] बहार को तरसे
कोई जबीं[19] न तेरे संगे-आस्तां पे[20] झुके !

कि जिन्से-अज्ज़ो-अक़ीदत से[21] तुझको शाद[22] करे
फ़रेबे - वादा - ए - फ़र्दा पे ए' तिमाद[23] करे
ख़ुदा वो वक़्त न लाए कि तुझको याद आए—
वो दिल कि तेरे लिए बेक़रार अब भी है
वो आंख जिसको तेरा इन्तिज़ार अब भी है !

['नक़्शे-फ़रियादी']

---

1. उदास, मलिन-मन 2. शान्ति की 3. स्थायी प्रसन्नता 4. जीवन 5. कड़वा प्याला 6. हृदय-रूपी दर्पण 7. द्रवण 8. निराशाओं के समूह से 9. पीड़ा की बहुलता से 10. पारा 11. यौवन 12. केवल 13. सौन्दर्य का घमंड 14. सिर से पैर तक विनय की मूर्ति 15. लम्बी 16. चैन को 17. सहानुभूति करने वाले को 18. मुर्झाई (विफल) कामना 19. माथा 20. दहलीज़ के पत्थर पर 21. विनय और श्रद्धा से 22. प्रसन्न 23. कल के वायदे के फ़रेब पर विश्वास

मेरी जां अब भी अपना हुस्न वापस फेर दे मुझको !

मेरी जां अब भी अपना हुस्न वापस फेर दे मुझको !

अभी तक दिल में तेरे इश्क़ की कंदील[1] रौशन[2] है
तेरे जल्वों से बज़्मे-ज़िन्दगी[3] जन्नत-ब-दामन[4] है

मेरी रूह अब भी तन्हाई में तुझको याद करती है
हर इक तारे-नफ़स में[5] आरज़ू बेदार[6] है अब भी

हर इक बेरंग साअ़त[7] मुन्तज़िर है तेरी आमद की[8]
निगाहें बिछ रही हैं रास्ता ज़रकार[9] है अब भी

मगर जाने-हज़ी[10] सदमे सहेगी आख़रिश[11] कब तक
तेरी बेमेहरियों पे[12] जान देगी आख़रिश कब तक

तेरी आवाज़ में सोई हुई शीरीनियां[13] आख़िर
मेरे दिल की फ़ुसुर्दा[14] ख़ल्वतों में[15] जा[16] न पाएंगी

ये अश्कों की फ़रावानी से[17] धुंदलाई हुई आंखें
तेरी रानाइयों की[18] तमकनत को[19] भूल जाएंगी

---

1. मशाल 2. प्रकाशमान 3. जीवन की सभा 4. स्वर्ग समान 5. श्वास में 6. जागी हुई 7. क्षण 8. आगमन की 9. सुनहला 10. दुखी प्राण 11. आखिर 12. निष्ठुरताओं पर 13. मिठासें 14. उदास 15. एकांत में 16. जगह 17. बहुलता से 18. सुन्दरता की 19. शान को

पुकारेंगे तुझे तो लब कोई लज़्ज़त[1] न पायेंगे
गुलू में[2] तेरी उल्फ़त के तराने सूख जायेंगे

मुबादा[3] यादहाए-अहदे-माज़ी[4] महव[5] हो जाये
ये पारीना फ़साने[6] मौज-हाए-ग़म में[7] खो जाये

मेरे दिल की तहों से तेरी सूरत धुल के बह जाये
हरीमे-इश्क़[8] की शम्ए-दुरख़्शां[9] बुझ के रह जाये

मुबादा अजनबी दुनिया की ज़ुल्मत[10] घेर ले तुझको
मेरी जां अब भी अपना हुस्न वापस फेर दे मुझको !

['नक़्शे-फ़रियादी']

---

1. आनन्द 2. कंठ में 3. भगवान न करे कि ऐसा हो 4. पुरानी यादें 5. विस्मृत 6. पुरानी (प्रेम) कहानियाँ 7. ग़म की लहरों में 8. प्रेम महल 9. प्रकाशमान दीपक 10. अन्धकार

सोच

क्यों मेरा दिल शाद[1] नहीं है, क्यों ख़ामोश रहा करता हूं
छोड़ो मेरी राम कहानी, मैं जैसा भी हूं अच्छा हूं

मेरा दिल ग़मगीन है तो क्या, ग़मगीं ये दुनिया है सारी
ये दुख तेरा है न मेरा, हम सब की जागीर है प्यारी

तू गर मेरी भी हो जाये, दुनिया के ग़म यूंही रहेंगे
पाप के फंदे, ज़ुल्म के बंधन, अपने कहे से कट न सकेंगे

ग़म हर हालत में मोहलक[2] है, अपना हो या और किसी का
रोना-धोना, जी को जलाना, यूं भी हमारा यूं भी हमारा

क्यों न जहां का ग़म अपना लें, बाद में सब तद्‌बीरें[3] सोचें
बाद में सुख के सपने देखें, सपनों की ता'बीरें[4] सोचें

बेफ़िक्रे धन-दौलत वाले, ये आख़िर क्यों ख़ुश रहते हैं
इनका सुख आपस में बांटें, यह भी आख़िर हम जैसे हैं

हमने माना जंग कड़ी है, सर फूटेंगे ख़ून बहेगा
ख़ून में ग़म भी बह जायेंगे, हम न रहें, ग़म भी न रहेगा

['नक़्शे-फ़रियादी']

---

1. प्रसन्न 2. घातक 3. कर्म 4. स्वप्न-फल

रक़ीब* से

आ कि वाबस्ता[1] हैं उस हुस्न की यादें तुझ से
    जिसने इस दिल को परीख़ाना[2] बना रक्खा था
जिसकी उल्फ़त में भुला रक्खी थी दुनिया हमने
    दह्र को[3] दह्र का अफ़साना बना रक्खा था

आशना[4] हैं तेरे क़दमों से वो राहें जिन पर
    उसकी मदहोश जवानी ने इनायत की है
कारवां गुज़रे हैं जिन से उसी रा'नाई[5] के
    जिसकी इन आंखों ने बेसूद[6] इबादत की है

तुझसे खेली हैं वो महबूब[7] हवाएं जिनमें
    उसके मलबूस की[8] अफ़सुर्दा[9] महक बाक़ी है
तुझ पे भी बरसा है उस बाम से[10] महताब का[11] नूर[12]
    जिस में बीती हुई रातों की कसक बाक़ी है

तूने देखी है वो पेशानी[13], वो रुख़्सार[14], वो होंट
    ज़िन्दगी जिनके तसव्वुर[15] में लुटा दी हमने
तुझ पे उट्ठी हैं वो खोई हुई साहिर[16] आंखें
    तुझ को मालूम है क्यों उम्र गंवा दी हमने

---

* प्रतिद्वन्द्वी

1. सम्बद्ध 2. परियों का घर 3. संसार को 4. परिचित 5. छटा 6. व्यर्थ 7. प्रिय 8. लिबास की 9. उदास 10. छत से 11. चाँद का 12. प्रकाश 13. माथा 14. कपोल 15. कल्पना 16. जादूगर

हम पे मुश्तरिका[1] हैं एहसान ग़मे - उल्फ़त के[2]
इतने एहसान कि गिनवाऊं तो गिनवा न सकूं
हमने इस इश्क़ में क्या खोया है क्या सीखा है
जुज़ तेरे[3] और को समझाऊं तो समझा न सकूं

आजिज़ी[4] सीखी, गरीबों की हिमायत सीखी,
यासो - हिर्मान के[5], दुख-दर्द के माने सीखे
ज़ेरदस्तों के[6] मुसाइब को[7] समझना सीखा,
सर्द आहों के, रुख़े - ज़र्द के[8] माने सीखे

जब कहीं बैठ के रोते हैं वो बेकस जिनके
अश्क आंखों में बिलकते हुए सो जाते हैं
नातुवानों के[9] निवालों पे झपटते हैं उक़ाब[10]
बाज़ू तोले हुए मंडलाते हुए आते हैं

जब कभी बिकता है बाज़ार में मज़दूर का गोश्त
शाहराहों पे[11] ग़रीबों का लहू बहता है
आग-सी सीने में रह - रह के उबलती है, न पूछ
अपने दिल पे मुझे क़ाबू ही नहीं रहता है

['नक़्शे-फ़रियादी']

1. साझे 2. प्रेम के दुःखों के 3. तेरे सिवा 4. विनय 5. निराशाओं के 6. असहाय प्राणियों के 7. दुःखों को 8. पीले चेहरे के 9. दुर्बलों के 10. बाज़ 11. राजमार्गों पर

कुत्ते

ये गलियों के आवारा बेकार कुत्ते
कि बख़्शा गया जिनको ज़ौक़े-गदाई[1]
ज़माने की फटकार सरमाया[2] इनका
जहां-भर की दुतकार इनकी कमाई

न आराम शब को न राहत सवेरे
ग़लाज़त में[3] घर, नालियों में बसेरे
जो बिगड़ें तो इक दूसरे से लड़ा दो
ज़रा एक रोटी का टुकड़ा दिखा दो
ये हर एक की ठोकरें खाने वाले
ये फ़ाक़ों से उकता के मर जाने वाले
ये मज़लूम मख़्लूक़[4] गर सर उठाये
तो इन्सान सब सरकशी[5] भूल जाये
ये चाहें तो दुनिया को अपना बना लें
ये आक़ाओं की[6] हड्डियां तक चबा लें
कोई इनको एहसासे-ज़िल्लत[7] दिला दे
कोई इनकी सोई हुई दुम हिला दे

['नक़्शे-फ़रियादी']

---

1. भीख माँगने की रुचि 2. निधि 3. गन्दगी में 4. जनता 5. घमंड 6. मालिकों की 7. अपमान की अनुभूति

तन्हाई

फिर कोई आया दिले-ज़ार[1]! नहीं, कोई नहीं
राहरौ[2] होगा, कहीं और चला जाएगा

ढल चुकी रात बिखरने लगा तारों का गुबार
लड़खड़ाने लगे एवानों में[3] ख़्वाबीदा[4] चिराग़

सो गई रास्ता तक-तक के हर इक राहगुज़र[5]
अजनबी ख़ाक ने धुंधला दिए क़दमों के सुराग़[6]

गुल करो[7] शम्ए, बढ़ा दो मय-ओ-मीना-ओ-अयाग़[8]
अपने बेख़्वाब[9] किवाड़ों को मुक़फ़्फल कर लो[10]

अब यहां कोई नहीं, कोई नहीं आएगा

['नक़्शे-फ़रियादी']

---

1. दुखी मन 2. राही 3. महलों में 4. सोये हुए 5. मार्ग 6. चिह्न 7. बुझा दो 8. सुराही, प्याले और शराब उठा दो 9. जिनकी आँखों में नींद नहीं 10. ताले लगा लो

चन्द रोज़ और मेरी जान !

चन्द रोज़ और मेरी जान ! फ़क़त[1] चन्द ही रोज़ !
ज़ुल्म की छांव में दम लेने पै मजबूर हैं हम
और कुछ देर सितम सह लें, तड़प लें, रो लें
अपने अजदाद की[2] मीरास[3] है मा'ज़ूर[4] हैं हम
जिस्म पर क़ैद है, जज़्बात पै ज़ंजीरें हैं
फ़िक्र[5] महबूस है[6], गुफ़्तार पै[7] ता'ज़ीरें[8] हैं
अपनी हिम्मत है कि हम फिर भी जिये जाते हैं
ज़िन्दगी क्या है किसी मुफ़लिस की क़बा[9] है जिसमें
हर घड़ी दर्द के पेबंद लगे जाते हैं
लेकिन अब ज़ुल्म की मीयाद के दिन थोड़े हैं
इक ज़रा सब्र, कि फ़रियाद के दिन थोड़े हैं
अर्सा-ए-दह्र की[10] झुलसी हुई वीरानी में
हमको रहना है पर यूंही तो नहीं रहना है
अजनबी हाथों का बेनाम गिरांबार सितम[11]
आज सहना है हमेशा तो नहीं सहना है
ये तेरे हुस्न से लिपटी हुई आलाम की[12] गर्द
अपनी दो-रोज़ा जवानी की शिकस्तों का शुमार[13]
चांदनी रातों का बेकार दहकता हुआ दर्द
दिल की बेसूद[14] तड़प, जिस्म की मायूस पुकार
चन्द रोज़ और मेरी जान ! फ़क़त चन्द ही रोज़ !

['नक़्शे-फ़रियादी']

---

1. केवल 2. पुरखों की 3. बपौती 4. विवश 5. विचार 6. क़ैद में हैं अर्थात् जकड़े हुए हैं 7. बोलने पर 8. प्रतिबन्ध 9. निर्धन का कुर्ता 10. संसार-रूपी मैदान की 11. भारी अत्याचार 12. दुःखों की 13. गणना 14. व्यर्थ

बोल कि लब आज़ाद हैं तेरे

बोल कि लब आज़ाद हैं तेरे
बोल, ज़बां अब तक तेरी है
तेरा सुतवां[1] जिस्म है तेरा
बोल कि जां अब तक तेरी है

देख कि आहनगर की[2] दुकां में
तुन्द[3] हैं शोले, सुर्ख़ है आहन[4]
खुलने लगे क़ुफ़लों के[5] दहाने[6]
फैला हर ज़ंजीर का दामन

बोल, ये थोड़ा वक़्त बहुत है
जिस्मो-ज़बां की मौत से पहले
बोल कि सच ज़िंदा है अब तक
बोल कि जो कहना है कह ले

['नक़्शे-फ़रियादी']

1. तना हुआ 2. लोहार की 3. तेज़ 4. लोहा 5. तालों के 6. मुँह

आख़िरी ख़त

वो वक़्त मेरी जान बहुत दूर नहीं है
जब दर्द से रुक जायेंगी सब ज़ीस्त[1] की राहें
और हद से गुज़र जायेगा अन्दोहे-निहानी[2]
थक जायेंगी तरसी हुई नाकाम निगाहें

छिन जायेंगे मुझसे मेरे आंसू मेरी आहें
छिन जायेगी मुझसे मेरी बेकार जवानी
शायद मेरी उल्फ़त को बहुत याद करोगी
अपने दिले-मासूम को नाशाद[3] करोगी

आओगी मेरी गोर पे[4] तुम अश्क[5] बहाने
नौख़ेज़[6] बहारों के हसीं फूल चढ़ाने
शायद मेरी तुरबत को[7] भी ठुकरा के चलोगी
शायद मेरी बेसूद वफ़ाओं पे हंसोगी

इस वज़'ए-करम का[8] भी तुम्हें पास[9] न होगा
लेकिन दिले-नाकाम को एहसास न होगा
अलक़िस्सा[10] माआले-ग़मे-उल्फ़त पे[11] हंसो तुम
या अश्क बहाती रहो, फ़रियाद करो तुम

माज़ी पे[12] नदामत हो तुम्हें या कि मसर्रत
ख़ामोश पड़ा सोएगा बामांदा-ए-उल्फ़त[13]

['नक़्शे-फ़रियादी']

---

1. जीवन 2. भीतरी दुःख 3. दुखित 4. क़ब्र पर 5. आँसू 6. नई 7. क़ब्र को 8. कृपा के ढंग का 9. लिहाज़ 10. संक्षेप में यह कि 11. प्रेम के दुःख के परिणाम पर 12. अतीत पर 13. प्रेम के हाथों श्रान्त

ऐ दिले-बेताब, ठहर !

तीरगी[1] है कि उमड़ती ही चली आती है
शब की[2] रग-रग से लहू फूट रहा हो जैसे
चल रही है कुछ इस अंदाज़ से नब्ज़े-हस्ती[3]
दोनों आलम का[4] नशा टूट रहा हो जैसे

रात का गर्म लहू और भी बह जाने दो
यही तारीकी[5] तो है ग़ाज़ा-ए-रुख़सारे-सहर[6]
सुबह होने ही को है ऐ दिले-बेताब ठहर

अभी ज़ंजीर छनकती है पसे-पर्दा-ए-साज़[7]
मुतलक़-उलहुक्म[8] है शीराज़ा-ए-असबाब[9] अभी
साग़रे-नाव में[10] आंसू भी ढलक जाते हैं
लग़्ज़िशे-पा में[11] है पाबंदी-ए-आदाब[12] अभी

अपने दीवानों को दीवाना तो बन लेने दो
अपने मयख़ानों को मयख़ाना तो बन लेने दो

जल्द ये सतवते-असबाब[13] भी उठ जायेगी
ये गिरांबारि-ए-आदाब[14] भी उठ जायेगी
ख़्वाह ज़ंजीर छनकती ही, छनकती ही रहे

['दस्ते-सवा']

---

1. अन्धकार 2. रात की 3. जीवन-नाड़ी 4. दुनियाओं का 5. अन्धकार 6. सुबह के गालों की लालिमा 7. साज़ के पर्दे के पीछे 8. सर्वोपरि आज्ञा देने वाला या एकाधिकारी 9. कारणों की एकत्रता 10. शराब के प्याले में 11. पाँव की डगमगाहट में 12. शिष्टाचार की पाबन्दी 13. कारणों की सत्ता 14. व्यवस्था का भारी बोझ

मौजू-ए-सुख़न*

गुल हुई जाती है[1] अफ़सुर्दा[2] सुलगती हुई शाम
धुल के निकलेगी अभी चश्म-ए-महताब से[3] रात
और मुश्ताक़ निगाहों से सुनी जाएगी
और–उन हाथों से मस[4] होंगे ये तरसे हुए हाथ

उनका आंचल है कि रुख़्सार[5] कि पैराहन[6] है
कुछ तो है जिससे हुई जाती है चिलमन रंगीं
जाने उस ज़ुल्फ़ की मौहूम[7] घनी छांव में
टिमटिमाता है वो आवेज़ा[8] अभी तक कि नहीं

आज फिर हुस्ने-दिलारा की[9] वही धज होगी
वही ख़्वाबीदा-सी[10] आंखें, वही काजल की लकीर
रंगे - रुख़्सार पे[11] हल्का - सा वो ग़ाज़े का गुबार
संदली हाथ पे धुंधली-सी हिना की[12] तहरीर[13]

अपने अफ़कार की[14], अशआर की[15] दुनिया है यही
जाने - मज़मूं[16] है यही, शाहिदे - माने[17] है यही

---

* काव्य-विषय

1. बुझ रही है 2. उदास 3. चाँद के चश्मे से 4. स्पर्श 5. कपोल 6. लिबास 7. धुँधली 8. कान का बुंदा 9. मनमोहक सौन्दर्य की 10. स्वप्निल-सी 11. कपोलों के रंग पर 12. मेहंदी की 13. लिखाई, चित्रकारी 14. विचारों की 15. शे'रों की 16. विषय की जान 17. अर्थों की सुन्दरता

आज तक सुर्ख़ो-सियाह सदियों के साये के तले
आदमो-हव्वा की औलाद पे[1] क्या गुज़री है
मौत और ज़ीस्त[2] की रोज़ाना सफ़ूआराई में[3]
हम पे क्या गुज़रेगी, अजदाद पे[4] क्या गुज़री है

इन दमकते हुए शहरों की फ़रावां[5] मख़्लूक़[6]
क्यों फ़क़त मरने की हसरत में जिया करती है
ये हसीं खेत, फटा पड़ता है जोबन जिनका
किस लिए इनमें फ़क़त भूक उगा करती है

ये हर इक सम्त[7] पुरअसरार[8] कड़ी दीवारें
जल बुझे जिन में हज़ारों की जवानी के चिराग़
ये हर इक गाम पे[9] उन ख़्वाबों की मक़्तल-गाहें[10]
जिनके परतौ से[11] चिराग़ां[12] हैं हज़ारों के दिमाग़

ये भी हैं ऐसे कई और भी मज़मूं[13] होंगे
लेकिन उस शोख़ के आहिस्ता से खुलते हुए होंट
हाय उस जिस्म के कम्बख़्त दिलावेज़ ख़ुतूत[14]
आप ही कहिए कहीं ऐसे भी अफ़सूं[15] होंगे

अपना मौज़ू-ए-सुख़न इनके सिवा और नहीं
तबए-शायर का[16] वतन इनके सिवा और नहीं

['नक़्शे-फ़रियादी']

---

1. सन्तान पर 2. जीवन 3. मोर्चेबंदी में 4. पुरखों पर 5. प्रचुर 6. जनता 7. ओर 8. रहस्यपूर्ण 9. पग पर 10. वध-स्थल 11. प्रतिबिम्ब से 12. दीप्तिमान 13. विषय 14. हृदयाकर्षक रेखाएँ (बनावट) 15. जादू 16. शायर की प्रकृति

आज की रात

आज की रात साज़े-दर्द न छेड़!

दुख से भरपूर दिन तमाम हुए
और कल की ख़बर किसे मालूम
दोशो-फ़र्दा की[1] मिट चुकी हैं हुदूद[2]
हो न हो अब सहर किये मालूम

ज़िन्दगी हेच! लेकिन आज की रात
एज़दियत[3] है मुमकिन आज की रात
आज की रात साज़े-दर्द न छेड़!

अब न दोहरा, फ़साना-हाए-अलम[4]
अपनी क़िस्मत पे सोगवार[5] न हो
फ़िक्रे-फ़र्दा[6] उतार दे दिल से
उम्रे-रफ़्ता पे[7] अश्कबार न हो[8]

अहदे-ग़म की हिकायतें[9] मत पूछ
हो चुकीं सब शिकायतें, मत पूछ
आज की रात साज़े-दर्द न छेड़!

['नक़्शे-फ़रियादी']

1. अतीत और भविष्य की 2. सीमाएँ 3. खुदाई 4. दुःख की कहानियाँ 5. उदास 6. कल की चिन्ता 7. बीती आयु पर 8. आँसू न बहा 9. दुःख के दिनों की कहानियाँ

शाहराह

एक अफ़सुर्दा[1] शाहराह[2] है दराज़[3]
दूर उफ़ुक़ पर[4] नज़र जमाए हुए

सर्द मट्टी पे अपने सीने के
सुरमगीं[5] हुस्न को बिछाए हुए

जिस तरह कोई ग़म-ज़दा[6] औरत
अपने वीरां-कदे में[7] मह्वे-ख़याल[8]

वस्ले-महबूब के[9] तसव्वुर में[10]
मू-ब-मू[11] चूर, उज़्व-उज़्व[12] निढाल

['नक़्शे-फ़रियादी']

1. उदास 2. राजमार्ग 3. फैला हुआ 4. क्षितिज पर 5. सुरमे के रंग जैसा, कजरारा 6. शोकातुर 7. वीरान घर में 8. विचार-मग्न 9. पिया मिलन के 10. कल्पना में 11. बाल-बाल 12. अंग-अंग

मेरे हमदम मेरे दोस्त!

गर मुझे इसका यक़ीं हो, मेरे हमदम, मेरे दोस्त!

गर मुझे इसका यक़ीं हो कि तेरे दिल की थकन
तेरी आंखों की उदासी, तेरे सीने की जलन

मेरी दिल-जोई, मेरे प्यार से मिट जायेगी
गर मेरा हर्फ़े-तसल्ली[1] वो दवा हो जिस से
जी उठे फिर तेरा उजड़ा हुआ बेनूर दिमाग़
तेरी पेशानी से धुल जायें ये तज़लील के[2] दाग़
तेरी बीमार जवानी को शिफ़ा[3] हो जाये

गर मुझे इसका यक़ीं हो, मेरे हमदम मेरे दोस्त!

मैं तुझे भींच लूं सीने से लगा लूं तुझ को
रोज़ो-शब[4], शामो-सहर[5] मैं तुझे बहलाता रहूं

मैं तुझे गीत सुनाता रहूं हल्के, शीरीं
आबशारों के[6], बहारों के, चमन-ज़ारों के[7] गीत
आमदे-सुबह के[8], महताब के[9], सय्यारों के[10] गीत
तुझ से मैं हुस्नो-मोहब्बत की हिकायात[11] कहूं

---

1. ढाढ़स का शब्द 2. अपमान के 3. स्वास्थ्य 4. दिन-रात 5. सुबह-शाम 6. झरनों के 7. बागों के 8. सुबह के आगमन के 9. चाँद के 10. नक्षत्रों के 11. कहानियाँ

कैसे मग़रूर हसीनाओं के बर्फ़ाब से जिस्म
गर्म हाथों की हरारत में[1] पिघल जाते हैं
कैसे इक चेहरे के ठहरे हुए मानूस नुक़ूश[2]
देखते - देखते यकलख़्त[3] बदल जाते हैं

किस तरह आरिज़े-महबूब का[4] शफ़्फ़ाफ़ बिलूर[5]
यक-ब-यक बादा-ए-अहमर से[6] दहक जाता है
कैसे गुलचीं के[7] लिए झुकती है ख़ुद शाख़े-गुलाब[8]
किस तरह रात का ऐवान[9] महक जाता है

यूं ही गाता रहूं, गाता रहूं, तेरी ख़ातिर
गीत बुनता रहूं, बैठा रहूं, तेरी ख़ातिर
पर मेरे गीत तेरे दुख का मदाबा[10] तो नहीं
नग्मा - ए जर्राह[11] नहीं, मूनिसो - ग़मख़्वार[12] सही

गीत नश्तर तो नहीं, मरहमे-ग़मख़्वार[13] सही
मेरे आज़ार[14] का चारा नहीं नश्तर के सिवा
और ये सफ़्फ़ाक मसीहा[15] मेरे क़ब्ज़े में नहीं
इस जहां के किसी ज़ो-रूह के[16] क़ब्जे में नहीं

हां मगर तेरे सिवा, तेरे सिवा, तेरे सिवा!

['दस्ते-सबा']

1. गर्मी में 2. परिचित नैन-नक्श 3. एकाएक 4. प्रेयसी के कपोलों का 5. स्वच्छ काँच 6. शराब की लाली से 7. फूल चुनने वाले के 8. गुलाब की शाखा 9. महल 10. इलाज 11. शल्य चिकित्सक 12. हमदर्द 13. दुःख-रूपी घाव का मरहम 14. रोग 15. निर्दयी चिकित्सक 16. प्राणी के

दिलदार देखना

तूफ़ाँ ब दिल है[1] हर कोई, दिलदार देखना
गुल हो न जाए मशअले-रुख़्सार[2] देखना

आतिश ब जाँ[3] है हर कोई सरकार देखना
लौ दे उठे न तुर्रा - ए - तर्रार[4] देखना

जज़्बे - मुसाफ़िराने - रहे - यार[5] देखना
सर देखना, न संग न दीवार देखना

कूए - ज़फ़ा में क़हते-ख़रीदार[6] देखना
हम आ गए तो गर्मिए-बाज़ार देखना

उस दिलनवाज़े-शहर के अतवार[7] देखना
बेइल्तिफ़ात[8] बोलना, बेज़ार देखना

खाली है गर्चे मसनदो-मिम्बर, निगूँ[9] है ख़ल्क
रूआबे - क़वा हैबते - दस्तार[10] देखना

जब तक नसीब था तिरा दीदार देखना
जिस सम्त[11] देखना गुलो-गुल्ज़ार देखना

हम फिर तमीज़े-रोज़ो-महो-साल[12] कर सके
ऐ वादे-यार, फिर इधर इक् बार देखना

['सरे-वादिये-सिना']

---

1. दिल में तूफ़ान भरे हुए 2. गालों की मशाल 3. दिल में आग लिये हुए 4. बल खाये हुए बाल 5. यार की राह के मुसाफ़िरों का जज़्बा 6. ज़ुल्म की गली में ख़रीदारों का टोटा 7. तौर-तरीक़े 8. बेध्यानी से 9. झुकी हुई 10. पोशाक का रौब और पगड़ी का ख़ौफ़ 11. तरफ़ 12. दिन-महीना-साल की पहचान

ग़म न कर, ग़म न कर

दर्द थम जायेगा, ग़म न कर, ग़म न कर

यार लौट आयेंगे, दिल ठहर जायेगा
ग़म न कर, ग़म न कर

ज़ख़्म भर जायेगा, ग़म न कर, ग़म न कर
दिन निकल आयेगा, ग़म न कर, ग़म न कर

अब्र खुल जायेगा, रात ढल जाएगी
ग़म न कर, ग़म न कर

रुत बदल जाएगी, ग़म न कर, ग़म न कर

['सरे-वादिए-सिना']

दुआ

आइए, हाथ उठाएँ हम भी
हम जिन्हें रस्मे - दुआ याद नहीं

हम, जिन्हें सोज़े-मुहब्बत[1] के सिवा
कोई बुत, कोई .ख़ुदा याद नहीं

आइए, अर्ज़ गुज़ारें कि निगारे-हस्ती[2]
ज़हरे-इमरोज़ में शीरीनी-ए-फ़र्दा भर दे[3]

वो जिन्हें ताबे - गराँबारी - ए - अय्याम[4] नहीं
उनकी पलकों पे शबो-रोज़ को हल्का कर दे

जिनकी आँखों को रुख़े-सुब्ह का यारा[5] भी नहीं
उनकी रातों में कोई शम्अ मुनव्वर[6] कर दे

जिनके क़दमों को किसी रह का सहारा भी नहीं
उनकी नज़रों पे कोई राह उजागर कर दे

---

1. प्रेम की तपिश 2. ज़िन्दगी की ख़ूबसूरती 3. मौजूदा वक़्त के ज़हर में आने वाले दौर की मिठास भर दे 4. ज़िन्दगी का बोझ उठाने की ताक़त 5. सुबह का चेहरा निहारने की सहनशक्ति 6. रौशन

जिनका दीं पैरविए-कज़्बो-रिया है[1] उनको
हिम्मते - कुफ़्र[2] मिले, जुरअते - तहक़ीक़[3] मिले

जिनके सिर मुंतज़रे - तेग़े - जफ़ा[4] है उनको
दस्ते-क़ातिल को झटक देने का तौफ़ीक़[5] मिले

इश्क़ का सर्रे - निहाँ[6] जान तपाँ[7] है जिससे
आज इक़रार करें और तपिश मिट जाए

हर्फ़े-हक़[8] दिल में खटकता है जो काँटे की तरह
आज इज़हार करें और ख़लिश मिट जाए

['सरे-वादिए-सिना']

---

1. जिनका दीन झूठ और मक्कारी का तरफ़दार है 2. धर्म-द्रोह का साहस 3. जिज्ञासा का साहस 4. ज़ुल्म की लटकती तलवार 5. क़ूवत 6 चुभा हुआ तीर 7. तप्त प्राण 8. सत्य वाणी

जश्न का दिन

जुनूँ की याद मनाओ कि जश्न का दिन है
सलीबो-दार सजाओ कि जश्न का दिन है

तरब की बज़्म[1] है, बदलो दिलों के पैराहन[2]
जिगर के चाक सिलाओ कि जश्न का दिन है

तुनुक मिज़ाज है साक़ी, न रंगे - मै देखो
भरे जो शीशा चढ़ाओ कि जश्न का दिन है

तमीज़े-रहबरो-रहज़न न करो आज के दिन
हरेक से हाथ मिलाओ कि जश्न का दिन है

है इंतिज़ारे-मलामत[3] में नासिहों[4] का हुजूम
नज़र संभाल के जाओ कि जश्न का दिन है

बहुत अज़ीज़ हो लेकिन शिकस्ता दिल[5] यारो
तुम आज याद न आओ कि जश्न का दिन है

वो शोरिशे-ग़मे-दिल[6] जिसकी लय नहीं कोई
ग़ज़ल की धुन में सुनाओ कि जश्न का दिन है

['दस्ते-तहे-संग']

---

1. ख़ुशी की महफ़िल 2. कपड़े 3. भर्त्सना की प्रतीक्षा 4. उपदेशकों का 5. टूटा हुआ दिल 6. दुखी हृदय का विद्रोह

कहाँ जाओगे

और कुछ देर में लुट जाएगा हर बाम[1] पे चाँद
अक्स खो जाएँगे, आईने तरस जाएँगे

अर्श के दीदा - ए - नमनाक[2] में बारी-बारी
सब सितारे सरे - ख़ाशाक़[3] बरस जाएँगे

आस के मारे थके हारे शबिस्तानों में
अपनी तन्हाई समेटेगा, बिछाएगा कोई

बेवफ़ाई की घड़ी, तर्के-मुदाहात[4] का वक़्त
इस घड़ी अपने सिवा याद न आयेगा कोई

तर्के-दुनिया का समाँ, ख़त्मे-मुलाक़ात का वक़्त
इस घड़ी ऐ दिले - आवारा कहाँ जाओगे

इस घड़ी कोई किसी का भी नहीं, रहने दो
कोई इस वक़्त मिलेगा ही नहीं, रहने दो

और मिलेगा भी तो इस तौर कि पछताओगे
इस घड़ी ऐ दिले - आवारा कहाँ जाओगे

और कुछ देर ठहर जाओ कि फिर नश्तरे-सुब्ह[5]
ज़ख़्म की तरह हर इक आँख को बेदार करे

और हर कुश्ता -ए- वामांदगी -ए- आख़िरे - शब[6]
भूल कर साअते - दरमांदगी -ए- आख़िरे - शब[7]

जान - पहचान, मुलाक़ात पे इसरार[8] करे

['दस्ते-तहे-संग']

---

1. छत 2. आसमान की गीली आँखों में 3. घास-फूस पर 4. तहज़ीब का परित्याग 5. सुबह का ज़ख़्म 6. रात के आख़िरी पहर की थकान का मारा हुआ 7. रात के आख़िरी पहर की उदासी का वक़्त 8. अनुरोध

जब तेरी समंदर आँखों में

यह धूप किनारा, शाम ढले
मिलते हैं दोनों वक़्त जहाँ
जो रात न दिन, जो आज न कल
पल भर को अमर, पल भर में धुआँ

इस धूप किनारे, पल दो पल
होंठों की लपक
बाँहों की खनक

यह मेल हमारा, झूठ न सच
क्यों रार करो, क्यों दोष धरो
किस कारण झूठी बात करो

जब तेरी समंदर आँखों में
इस शाम का सूरज डूबेगा
सुख सोयेंगे घर दर वाले
और राही अपनी रह लेगा

['दस्ते-तहे-संग']

शाम

इस तरह है कि हर इक पेड़ कोई मन्दिर है
कोई उजड़ा हुआ बेनूर[1] पुराना मन्दिर
ढूंढ़ता है जो ख़राबी के बहाने कब से!
चाक हर बाम[2], हर इक दर का दमे-आख़िर[3] है
आस्मां कोई पुरोहित है जो हर बाम तले
जिस्म पर राख मले, माथे पे सेंदूर मले
सर-नगूं[4] बैठा है चुप-चाप न जाने कब से!
इस तरह है कि पसे-पर्दा[5] कोई साहिर[6] है
जिसने आफ़ाक़ पे[7] डाला किसी सिह्र[8] का दाम
दामने-वक़्त से[9] पैवस्त[10] है यूं दामने-शाम!
अब कभी शाम बुझेगी न अंधेरा होगा
अब कभी रात ढलेगी न सवेरा होगा
आस्मां आस लिए है कि ये जादू टूटे
चुप की ज़ंजीर कटे, वक़्त का दामन टूटे
दे कोई संख दुहाई, कोई पायल बोले
कोई बुत जागे, कोई सांवली घूंघट खोले!

['दस्ते-तहे-संग']

---

1. प्रकाशहीन 2. टूटी हुई छत 3. अन्तिम समय 4. सिर झुकाए 5. पर्दे के पीछे 6. जादूगर 7. आकाश पर 8. जादू 9. समय रूपी दामन से 10. जुड़ा हुआ

वासोख़्त[1]

सच है हमीं को आप के शिकवे बजा न थे
बेशक सितम जनाब के सब दोस्ताना थे
हां, जो जफ़ा[2] भी आप ने की कायदे से की
हां, हम ही कारबन्दे-उमूले-वफ़ा[3] न थे

आए हो यूं कि जैसे हमेशा थे मेहरबां
भूले तो यूं कि जैसे कभी आशना[4] न थे
क्यों दादे-ग़म[5] हमीं ने तलब की, बुरा किया
हम से जहां में कुश्तए-ग़म[6] और क्या न थे

गर फ़िक्रे-जख़्म[7] की तो खतावार[8] हैं कि हम
क्यों महे-मदहे-ख़ू बी ए-तेग़े-अदा[9] न थे
हर चारागर[10] को चारागरी से गुरेज[11] था
वर्ना हमें जो दुःख थे बहुत लादवा[12] न थे

लब पर है तल्ख़ी-ए-मए-अय्याम[13] वर्ना 'फ़ैज़'
हम तल्खी-ए-कलाम[14] पे माइल[15] ज़रा न थे

['ज़िंदाँनामा']

---

1. दिल की जलन का हाल 2. उपेक्षा 3. वफ़ा के नियमों पर चलने वाले 4. परिचित 5. ग़म की प्रशंसा 6. ग़म के मारे हुए 7. घाव की चिन्ता 8. दोषी 9. तलवार चलाने की प्रशंसनीय अदा की प्रशंसा में मग्न 10. उपचारक 11. हिचक 12. असाध्य 13. जीवन रूपी मदिरा की कड़वाहट 14. कटु वचन 15. प्रवृत्त, इच्छुक

लौहो-क़लम

हम परवरिशे - लौहो - क़लम[1] करते रहेंगे
जो दिल पे गुज़रती है, रक़म करते रहेंगे[2]

असबाबे - ग़मे - इश्क़[3] वहम[4] करते रहेंगे
वीरानी-ए-दौरां पे[5] करम[6] करते रहेंगे

हां, तल्ख़ी-ए-अय्याम[7] अभी और बढ़ेगी
हां, अहले-सितम[8] मश्क़े-सितम[9] करते रहेंगे

मन्ज़ूर ये तल्ख़ी[10], ये सितम हमको गवारा
दम है तो मदावा - ए - अलम[11] करते रहेंगे

बाक़ी है लहूदिल में तो हर अश्क से[12] पैदा
रंगे - लबो - रुख़्सारे - सनम[13] करते रहेंगे

इक तर्जे-तग़ाफ़ुल[14] है सो वो उनको मुबारक
इक अर्ज़े तमन्ना[15] है सो हम करते रहेंगे

['दस्ते-सबा']

---

1. तख़्ती और क़लम का उपयोग (काव्य-रचना) 2. लिखते रहेंगे 3. इश्क़ के ग़म के साधन 4. जुटाना 5. संसार की वीरानी पर 6. कृपा 7. दिनों (जीवन) की कटुता 8. अत्याचारी 9. अत्याचार करने का अभ्यास 10. कटुता 11. वेदना का इलाज 12. आँसू से 13. प्रेयसी के होंठों और कपोलों का रंग 14. उपेक्षा का ढंग 15. कामना या प्रणय का प्रकटन

तुम्हारे हुस्न के नाम!

सलाम लिखता है शायर तुम्हारे हुस्न के नाम!
बिखर गया जो कभी रंगे-पैरहन[1] सरे-बाम[2]
निखर गई है कभी सुबह, दोपहर, कभी शाम
कहीं जो क़ामते-ज़ेबा पे[3] सज गई है क़बा[4]
चमन में सर्वो-सनोबर[5] संवर गये हैं तमाम
बनी बिसाते-ग़ज़ल[6] जब डुबो लिए दिल ने
तुम्हारे साया-ए-रुख़्सारी-लब में[7] साग़रो-जाम
सलाम लिखता है शायर तुम्हारे हुस्न के नाम!
तुम्हारे हात पे[8] है ताबिशे-हिना[9] जब तक
जहां में बाक़ी है दिलदारिये-उरूसे-सुखन[10]
तुम्हारा हुस्न जवां है तो मेहरबां है फ़लक[11]
तुम्हारा दम है तो दमसाज़[12] है हवा-ए-वतन[13]
अगरचे तंग हैं औक़ात[14] सख़्त हैं आलाम[15]
तुम्हारी याद से शीरीं[16] है तल्ख़ी-ए-अय्याम[17]
सलाम लिखता है शायर तुम्हारे हुस्न के नाम!

['दस्ते-सबा']

---

1. लिबास का रंग 2. छत पर 3. हृदयाकर्षक क़द (शरीर) पर 4. कुर्ता (लिबास) 5. वृक्षों के नाम 6. ग़ज़ल बन गई 7. कपोलों और होंठों की छाया में 8. हाथ पर 9. मेहंदी की आभा 10. कविता-रूपी दुल्हन की दिलदारी 11. आकाश 12. मित्र 13. देश की हवा 14. समय 15. दुःख 16. मधुर 17. जीवन की कटुता

दो इश्क़

1

ताज़ा हैं अभी याद में ऐ साक़ी-ए-गुलफ़ाम[1]
वो अक्से रुख़े-यार से[2] लहके हुए अय्याम[3]
वो फूल-सी खिलती हुई दीदार[4] की साअत[5]
वो दिल-सा धड़कता हुआ उम्मीद का हंगाम[6]
उम्मीद कि लो जागा ग़मे-दिल का नसीबा
लो शौक़ की[7] तरसी हुई शब हो गई आख़िर
लो डूब गये दर्द के बेख़्वाब सितारे
अब चमकेगा बेसब्र निगाहों का मुक़द्दर
इस बाम से निकलेगा तेरे हुस्न का ख़ुरशीद[8]
उस कुंज से फूटेगी किरन रंगे-हिना की[9]
इस दर से[10] बहेगा तेरी रफ़्तार का सीमाब[11]
उस राह पर फूलेगी शफ़क़[12] तेरी क़बा की[13]
फिर देखे हैं तो हिज्र के तपते हुए दिन भी
जब फ़िक्रे-दिलो-जां में फ़ुगां भूल गई है
हर शब वो सियह बोझ कि दिल बैठ गया है
हर सुब्ह की लौ तीर-सी सीने में लगी है
तन्हाई में क्या-क्या न तुझे याद किया है
क्या-क्या न दिले-ज़ार ने ढूंढ़ी हैं पनाहें
आंखों से लगाया है कभी दस्ते-सबा को[14]
डाली हैं कभी गर्दने-महताब में[15] बाहें

---

1. फूल जैसा साक़ी 2. प्रेमिका के मुखड़े के प्रतिबिम्ब से 3. दिन (जीवन) 4. दर्शन 5. क्षण 6. समय 7. इश्क की 8. सूरज 9. मेहंदी के रंग की 10. दरवाज़े से 11. पारा 12. सूर्यास्त की लालिमा 13. कुर्ते (लिबास) की 14. प्रभात-समीर रूपी हाथ को 15. चाँद की गर्दन में

2

चाहा है इसी रंग में लैलाए - वतन को[1]
तड़पा है इसी तौर से[2] दिल उसकी लगन में
ढूंढ़ी है युंही शौक़ ने[3] आसाइशे-मंज़िल[4]
रुख़्सार के[5] ख़म में कभी काकुल की[6] शिकन[7] में
इस जाने-जहां को भी यूंही क़ल्बो-नज़र ने[8]
हंस-हंस के सदा[9] दी, कभी रो-रो के पुकारा
पूरे किये सब हर्फ़े-तमन्ना के[10] तक़ाज़े
हर दर्द को उजियाला, हर इक ग़म को संवारा
वापस नहीं फेरा कोई फ़रमान[11] जुनूं का[12]
तन्हा नहीं लौटी कभी आवाज़ जरस की[13]
ख़ैरियते - जां[14], राहते-तन[15], सेहते - दामां[16]
सब भूल गईं मसलहतें अहले-हवस की[17]
इस राह में जो सब पे गुजरती है वो गुज़री
तन्हा पसे-जिंदां[18], कभी रुसवा सरे-बाज़ार[19]
गरजे हैं बहुत शैख़ सरे-गोशा-ए-मिम्बर[20]
कड़के हैं बहुत अहले-हुकम[21] बर-सरे- दरबार[22]
छोड़ा नहीं ग़ैरों ने कोई नावके-दुश्नाम[23]
छूटी नहीं अपनों से कोई तर्ज़े-मलामत[24]
इस इश्क़ न उस इश्क़ पे नादिम है मगर दिल
हर दाग़ है इस दिल पे बजुज़ दाग़े-नदामत[25]

['दस्ते-सबा']

---

1. देश-रूपी प्रेमिका को 2. तरह से 3. इश्क ने 4. मंज़िल का सुख 5. कपोल के 6. केशों की 7. बल 8. दिल और नज़र ने 9. आवाज़ 10. अभिलाषा के 11. आदेश 12. उन्माद का 13. घंटे की 14. जान की खैरियत 15. तन का सुख 16. बिन फटा दामन 17. लोलुपों की 18. कारागार में 19. बीच बाज़ार में 20. उपदेश-मंच के कोने से 21. बादशाह 22. बीच दरबार में 23. गाली का तीर 24. भर्त्सना का ढंग 25. शर्मिंदगी के दाग़ के सिवा

निसार मैं तेरी गलियों पे...

निसार मैं तेरी गलियों पे ऐ वतन, कि जहां
चली है रस्म कि कोई न सर उठा के चले
जो कोई चाहने वाला तवाफ़ को[1] निकले
नज़र चुरा के चले, जिस्मो-जां बचा के चले

है अहले-दिल के लिए अब ये नज़्मे-बस्तो-कुशाद[2]
कि संगो-ख़िश्त[3] मुक़य्यद[4] हैं और सग[5] आज़ाद

बहुत हैं ज़ुल्म के दस्ते-बहाना-जू[6] के लिए
जो चन्द अहले-जुनूं तेरे नाम-लेवा हैं
बने हैं अहले-हवस[7] मुद्दई भी, मुन्सिफ़ भी
किसे वकील करें, किससे मुन्सिफ़ी चाहें

मगर गुज़ारने वालों के दिन गुज़रते हैं
तेरे फ़िराक़ में यूं सुब्हो-शाम करते हैं

बुझा जो रौज़ने-ज़िंदां[8] तो दिल ये समझा है
कि तेरी मांग सितारों से भर गई होगी
चमक उठे हैं सलासिल[9] तो हमने जाना है
कि अब सहर[10] तेरे रुख़ पर[11] बिखर गई होगी

ग़रज़ तसव्वुरे - शामो - सहर में[12] जीते हैं
गिरफ्ते - साया - ए - दीवारो - दर में[13] जीते हैं

---

1. परिक्रमा के लिए 2. बन्धन और मुक्ति की व्यवस्था 3. ईंट-पत्थर 4. क़ैद 5. कुत्ते 6. बहाना बनाने वाले के हाथ 7. लोलुप 8. कारागार का झरोखा 9. बेड़ियाँ 10. सुबह 11. मुखड़े पर 12. सुबह और शाम की कल्पना में 13. दीवारों और दरवाज़ों के सायों की पकड़ में

युंही हमेशा उलझती रही है ज़ुल्म से ख़ल्क़[1]
न उनकी रस्म नई है, न अपनी रीत नई
युंही हमेशा खिलाए हैं हमने आग में फूल
न उनकी हार नई है न अपनी जीत नई

इसी सबब से फ़लक का गिला नहीं करते
तेरे फ़िराक़ में हम दिल बुरा नहीं करते

गर आज तुझसे जुदा हैं तो कल बहम[2] होंगे
ये रात भर की जुदाई तो कोई बात नहीं
गर आज औज पे[3] है तालए-रक़ीब[4] तो क्या
ये चार दिन की ख़ुदाई तो कोई बात नहीं

जो तुझसे अहदो - वफ़ा उस्तुवार[5] रखते हैं
इलाजे - गर्दिशे लैलो - निहार[6] रखते हैं

['दस्ते-सबा']

---

1. जनता 2. इकट्ठे 3. आकाश पर 4. प्रतिद्वन्द्वी का भाग्य 5. प्रेम निभाने की प्रतिज्ञा को सुदृढ़ 6. रात-दिन के क्रम का इलाज

याद

दश्ते - तन्हाई में[1] ऐ जाने - जहां[2] लर्जां[3] हैं
तेरी आवाज़ के साये, तेरे होंठों के सराब[4]
दश्ते-तन्हाई में, दूरी के ख़सो-खाक[5] तले
खिल रहे हैं तेरे पहलू के समन और गुलाब

उठ रही है कहीं क़ुरबत[6] से तेरी सांस की आंच
अपनी ख़ुशबू में सुलगती हुई मद्धम-मद्धम
दूर, उफ़ुक़[7] पार चमकती हुई क़तरा-क़तरा
गिर रही है तेरी दिलदार नज़र की शबनम

इस क़दर प्यार से, ऐ जाने-जहां रक्खा है
दिल के रुख़्सार पे[8] इस वक़्त तेरी याद ने हात[9]
यूं गुमां होता है, गरचे है अभी सुब्हे-फ़िराक़[10]
ढल गया हिज्र का[11] दिन, आ भी गई वस्ल की[12] रात

['दस्ते-सबा']

---

1. एकान्त के जंगल में 2. संसार के जीवन (प्रेमिका) 3. कम्पायमान 4. मरीचिकाएँ 5. कूड़ा-करकट, घास और मिट्टी 6. सामीप्य 7. क्षितिज 8. कपोल पर 9. हाथ 10. विरह की सुबह 11. वियोग का 12. मिलन की

दर्द आयेगा दबे पांव

और कुछ देर में, जब फिर मेरे तन्हा दिल को
फ़िक्र आ लेगी कि तन्हाई का क्या चारा करे

दर्द आयेगा दबे पांव, लिए सुर्ख़ चिराग़
वो जो इक दर्द धड़कता है कहीं दिल से परे

शो'लाए - दर्द जो पहलू में लपक उट्ठेगा
दिल की दीवार पे हर नक़्श[1] दमक उट्ठेगा

हल्क़ाए - जुल्फ़[2] कहीं, गोशए-रुख़्सार[3] कहीं
हिज्र का दश्त[4] कहीं, गुलशने-दीदार[5] कहीं

लुत्फ़ की बात कहीं, प्यार का इक़रार कहीं
दिल से फिर होगी मेरी बात कि ऐ दिल, ऐ दिल

ये जो महबूब बना है तेरी तन्हाई का
ये तो मेहमां है घड़ी भर का, चला जायेगा

इससे कब तेरी मुसीबत का मदावा[6] होगा

मुश्तइल[7] होके अभी उट्ठेंगे वहशी साये
ये चला जायेगा, रह जायेंगे बाक़ी साये

---

1. चित्र 2. केशों के बल 3. कपोलों का कोण 4. जंगल 5. दर्शन रूपी बाग 6. इलाज
7. प्रज्वलित

रात भर जिनसे तेरा ख़ून-ख़राबा होगा
जंग ठहरी है कोई खेल नहीं है ऐ दिल

दुश्मने-जां हैं सभी, सारे के सारे क़ातिल
ये कड़ी रात भी, ये साये भी, तन्हाई भी

दर्द और जंग में कुछ मेल नहीं है ऐ दिल
लाओ सुलगाओ कोई जोशो-ग़ज़ब का[1] अंगार[2]

तैश की[3] आतिशे-जर्राह[4] कहीं से लाओ
वो दहकता हुआ गुलज़ार कहीं से लाओ

जिसमें गर्मी भी है, हरकत भी, तवानाई[5] भी
हो न हो अपने क़बीले का भी कोई लश्कर

मुन्तज़िर होगा अंधेरे की फ़सीलों के उधर
इनको शो'लों के रजज़[6] अपना पता तो देंगे

ख़ैर, हम तक वो न पहुंचे भी, सदा[7] तो देंगे
दूर कितनी है अभी सुब्ह, बता तो देंगे

['ज़िंदाँनामा']

---

1. उत्तेजना और क्रोध का 2. अंगारा 3. क्रोध की 4. प्रचंड अग्नि 5. शक्ति 6. वीर रस की वह कविता जो युद्ध-क्षेत्र में हौसला बढ़ाने के लिए पढ़ी जाती है 7. आवाज़

कोई आशिक़ किसी महबूबा से-1

याद को राहगुज़र[1] जिस पे इसी सूरत से
मुद्दतें बीत गई हैं तुम्हें चलते-चलते
ख़त्म हो जाये जो दो-चार क़दम और चलो

मोड़ पड़ता है जहां दश्ते-फ़रामोशी का[2]
जिससे आगे न कोई मैं हूं न कोई तुम हो

सांस थामे हैं निगाहें कि न जाने किस दम
तुम पलट आओ, गुज़र जाओ या मुड़कर देखो

गरचे वाक़िफ़ हैं निगाहें कि ये सब धोका है
गर कहीं तुमसे हम-आग़ोश[3] हुई फिर से नज़र
फूट निकलेगी वहां और कोई राहगुज़र

फिर उसी तरह जहां होगा मुक़ाबिल पैहम[4]
साया-ए-जुल्फ़ का[5] और जुंबिशे-बाज़ू का[6] सफ़र
दूसरी बात भी झूठी है कि दिल जानता है
यां कोई मोड़, कोई दश्त, कोई घात नहीं

जिसके पर्दे में मेरा माहे-रवां[7] डूब सके
तुमसे चलती रहे ये राह, युंही अच्छा है
तुमने मुड़कर भी न देखा तो कोई बात नहीं

['ज़िंदाँनामा']

---

1. मार्ग 2. विस्मृति के जंगल का 3. आलिंगन-बद्ध 4. निरन्तर सामने 5. केशों की छाया का 6. बाँहों के हिलने-डुलने का 7. गतिशील चाँद

शीशों का मसीहा[1] कोई नहीं!

मोती हो कि शीशा, जाम[2] कि दुर[3]
जो टूट गया सो टूट गया
कब अश्को से[4] जुड़ सकता है
जो टूट गया, सो छूट गया

तुम नाहक़ टुकड़े चुन-चुन कर
दामन में छुपाये बैठे हो
शीशों का मसीहा कोई नहीं
क्या आस लगाये बैठे हो

शायद कि इन्हीं टुकड़ों में कहीं
वो साग़रे-दिल[5] है जिसमें कभी
सद नाज़ से[6] उतरा करती थी
सहबाए-ग़मे-जानां की परी[7]

फिर दुनिया वालों ने तुम से
ये साग़र लेकर फोड़ दिया
जो मय थी बहा दी मट्टी में
मेहमान का शहपर[8] तोड़ दिया

---

1. हज़रत मसीह (बीमारों को अच्छा और मुर्दों को जीवित करने वाला) 2. शराब का प्याला 3. मोती 4. आँसुओं से 5. हृदय रूपी शराब का प्याला 6. सैकड़ों (बड़े) गर्व से 7. प्रेयसी के ग़म की शराब रूपी परी 8. सबसे बड़ा और मज़बूत पंख

ये रंगीं रेज़े[1] हैं शाहिद[2]
उन शोख बिल्लूरी[3] सपनों के
तुम मस्त जवानी में जिन से
ख़ल्वत को[4] सजाया करते थे

नादारी[5], दफ़्तर, भूक और ग़म
इन सपनों से टकराते रहे
बेरहम था चौमुख पथराओ
ये कांच के ढांचे क्या करते

या शायद इन ज़र्रों में कहीं
मोती है तुम्हारी इज़्ज़त का
वो जिस से तुम्हारे इज़्ज़[6] पे भी
शमशादक़दों ने[7] नाज़[8] किया

उस माल की धुन में फिरते थे
ताजिर भी बहुत, रहज़न[9] भी बहुत
है चोर-नगर, यां मुफ़लिस की
गर जान बची तो आन गई

ये साग़र - शीशे, लालो - गुहर
सालम हों तो क़ीमत पाते हैं
यूं टुकड़े - टुकड़े हों तो फ़क़त[10]
चुभते हैं, लहू रुलवाते हैं

---

1. रंगीन टुकड़े 2. साक्षी 3. काँच के 4. एकाँत को 5. दरिद्रता 6. विनम्रता 7. सरो के पेड़ ऐसे कद वालों ने 8. गर्व 9. डाकू 10. केवल

तुम नाहक़[1] शीशे चुन-चुन कर
दामन में छुपाये बैठे हो
शीशों का मसीहा कोई नहीं
क्या आस लगाये बैठे हो

यादों के गरेबानों के रफ़ू
पर दिल की गुज़र कब होती है
इक बखिया उधेड़ा, एक सिया
यूं उम्र बसर कब होती है

इस कारगहे - हस्ती में[2] जहां
ये सागर - शीशे ढलते हैं
हर शै का बदल मिल सकता है
सब दामन पुर हो सकते हैं

जो हाथ बढ़े यावर[3] है यहां
जो आंख उठे वो बख़्तावर[4]
यां धन - दौलत का अन्त नहीं
हों घात में डाक लाख मगर

कब लूट - झपट से हस्ती[5] की
दूकानें ख़ाली होती हैं
यां परबत - परबत हीरे हैं
यां सागर - सागर मोती हैं

---

1. व्यर्थ 2. संसार में 3. सहायक 4. भाग्यवान 5. जीवन

कुछ लोग हैं जो इस दौलत पर
पर्दे लटकाते फिरते हैं
हर परबत को, हर सागर को
नीलाम चढ़ाते फिरते हैं,

कुछ वो भी हैं जो लड़ - भिड़ कर
ये पर्दे नोच गिराते हैं
हस्ती के उठाईगीरों की
हर चाल उलझाए जाते हैं

इन दोनों में रन[1] पड़ता है
नित बस्ती - बस्ती, नगर-नगर
हर बसते घर के सीने में
हर चलती राह के माथे पर

ये कालक भरते फिरते हैं
वो जोत जगाते रहते हैं
ये आग लगाते फिरते हैं
वो आग बुझाते रहते हैं

सब साग़र - शीशे, लालो - गुहर
इस बाज़ी में बिद जाते हैं
उट्ठो, सब ख़ाली हाथों को
इस रन से बुलावे आते हैं

['दस्ते-सबा']

1. रण (संघर्ष)

अंजाम[1]

हैं लबरेज़[2] आहों से ठंडी हवाएं
उदासी में डूबी हुई है घटाएं

मोहब्बत की दुनिया पे शाम आ चुकी है
सियाह-पोश[3] हैं ज़िंदगी की फ़ज़ाएं[4]

मचलती हैं सीने में लाख आर्ज़ुएं[5]
तड़पती हैं आंखों में लाख इल्तिजाएं[6]

तग़ाफुल[7] के आग़ोश[8] में सो रहे हैं
तुम्हारे सितम[9] और मेरी वफ़ाएं

मगर फिर भी ऐ मेरे मासूम[10] क़ातिल[11]
तुम्हें प्यार करती हैं मेरी दुआएं

['नक़्शे-फ़रियादी']

---

1. अन्त, परिणाम 2. भरी हुई 3. अन्धकारपूर्ण 4. वातावरण 5. अभिलाषाएँ 6. प्रार्थनाएँ 7. विमुखता 8. गोद 9. अत्याचार 10. अबोध 11. हत्यारे

हसीना-ए-ख़याल[1] से

मुझे दे दे—
रसीले होंठ, मासुमाना पेशानी[2], हसीं आंखें
कि मैं इक बार फिर रंगीनियों में ग़र्क़ हो जाऊं

मेरी हस्ती को[3] तेरी इक नज़र आग़ोश[4] में ले ले
हमेशा के लिए इस दाम[5] में महफ़ूज[6] हो जाऊं
ज़िया-ए-हुस्न[7] से ज़ुल्माते-दुनिया में[8] न फिर आऊं

गुज़श्ता[9] हसरतों के[10] दाग़ मेरे दिल से धुल जाएं
मैं आने वाले ग़म की फ़िक्र से आज़ाद हो जाऊं

मेरे माज़ी व मुस्तक़बिल[11] सरासर महव[12] हो जाएं
मुझे वो इक नज़र, इक जाविदानी[13] सी नज़र दे दे

['नक़्शे-फ़रियादी']

---

1. कल्पना-सुन्दरी 2. भोलापन लिये हुए माथा 3. अस्तित्व को 4. गोद 5. जाल 6. सुरक्षित 7. सौन्दर्य की आभा 8. संसार के अन्धकार में 9. पिछली 10. अतृप्त अभिलाषाओं के 11. भूत और भविष्य 12. विस्मृत 13. अमर

इन्तिज़ार

गुज़र रहे हैं शबो-रोज़[1] तुम नहीं आतीं
रियाज़े-ज़ीस्त[2] है आज़ुर्दए-बहार[3] अभी
मेरे ख़याल की दुनिया है सोगवार[4] अभी

जो हसरतें[5] तेरे ग़म की कफ़ील[6] हैं प्यारी
अभी तलक मेरी तन्हाइयों में बसती हैं
तवील[7] रातें अभी तक तवील हैं प्यारी

उदास आंखें अभी इन्तिज़ार करती हैं
बहारे-हुस्न[8] पे पाबन्दी-ए-जफ़ा[9] कब तक
ये आज़माइशे-सब्रे-गुरेज़-पा[10] कब तक

क़सम तुम्हारी बहुत ग़म उठा चुका हूं मैं
ग़लत था दावा-ए-सब्रो-शिकेब[11], आ जाओ
क़रारे-ख़ातिरे-बेताब थक गया हूं मैं

['नक़्शे-फ़रियादी']

---

1. रात-दिन 2. जीवन का उद्यान 3. वसन्त-ऋतु से वंचित 4. शोकपूर्ण 5. अतृप्त आकाँक्षाएँ 6. ज़मानत 7. लम्बी 8. सौन्दर्य की वसन्त-ऋतु 9. उपेक्षा का बन्धन 10. संघर्ष से बचने की इच्छा रखने वाले धैर्य की परीक्षा 11. धैर्य और सहन-शक्ति का दावा

मुलाक़ात

1

ये रात उस दर्द का शजर[1] है
जो मुझ से तुझ से अज़ीमतर[2] है
अज़ीमतर है कि इसकी शाखों
में लाखों मशअल-बकफ़[3] सितारों
के कारवां घिर के खो गये हैं
हज़ार महताब[4] इस के साये
में अपना सब नूर[5], रो गये हैं

ये रात उस दर्द का शजर है
जो मुझ से तुझ से अज़ीमतर है
मगर इसी रात के शजर से
ये चन्द लम्हों के जर्द पत्ते
गिरे हैं और तेरे गेसुओं में
उलझ के गुलनार हो गए हैं
इसी की शबनम से ख़ामोशी के
ये चंद क़तरे तेरी जबीं पर[6]
बरस के हीरे पिरो गए हैं

2

बहुत सियह है ये रात लेकिन!
इसी सियाही में रूनुमा[7] है
वो नहरे-खूं[8] जो मेरी सदा से[9]
इसी के साये में नूरगर[10] है
वो मौजे-ज़र[11] जो तेरी नज़र है

1. वृक्ष 2. महानतम 3. हाथों में मशालें लिये हुए 4. चाँद 5. प्रकाश 6. माथे पर 7. प्रकट 8. खून की नदी 9. आवाज़ से 10. आलोकित 11. स्वर्ण-धारा

वो ग़म जो इस वक़्त तेरी बाहों
के गुलिस्तां में सुलग रहा है
(वो ग़म जो इस रात का समर[1] है)
कुछ और तप जाए अपनी आहों
की आंच में तो यही शरर[2] है

हर इक सियह शाख़ की कमां[3] से
जिगर[4] में टूटे हैं तीर जितने
जिगर से नीचे हैं और हर इक
का हमने तेशा बना दिया है

3

अलम - नसीबों[5], जिगर फ़िगारों[6]
की सुब्ह, अफलाक पर[7] नहीं है
जहां पे हम तुम खड़े हैं दोनों
सहर[8] का रौशन उफ़ुक़[9] यहीं है
यहीं पे ग़म के शरार खिलकर
शफ़क़[10] का गुलज़ार बन गए हैं
यहीं पे क़ातिल दुःखों के तेशे
क़तार अन्दर क़तार किरनों
के आतशीं[11] हार बन गए हैं

ये ग़म जो इस रात ने दिया है
ये ग़म सहर का यक़ीं[12] बना है
यक़ीं जो ग़म से करीमतर[13] है
सहर जो शब से[14] अज़ीमतर है

['ज़िंदाँनामा']

1. फल 2. चिनगारी 3. कमान, धनुष 4. यहाँ दिल के अर्थ में आया है 5. जिनके भाग्य में दुःख ही दुःख हैं 6. जिनके दिल घायल हैं 7. आसमानों पर 8. सुबह 9. प्रकाशमान क्षितिज 10. आकाश लालिमा 11. ज्वालामय 12. यक़ीन, विश्वास 13. अत्यन्त दयालु 14. रात से

हम जो तारीक़[1] राहों में मारे गए!

(ईथेल और जूलिस रोज़न बर्ग के ख़तों से
मुतासिर होकर लिखी गई)

तेरे होंठों के फूलों की चाहत में हम
दार[2] की खुश्क टहनी पे वारे गए
तेरे हाथों की शम्ओं की हसरत में हम
नीम तारीक[3] राहों में मारे गए

सूलियों पर हमारे लबों से[4] परे
तेरे होंठों की लाली लपकती रही
तेरी जुल्फ़ों की मस्ती बरसती रही
तेरे हाथों की चांदी दमकती रही

जब घुली तेरी राहों में शामे-सितम[5]
हम चले आए लाए जहां तक क़दम
लब पे हर्फ़े-ग़ज़ल[6] दिल में क़ंदीले-ग़म[7]
अपना ग़म था गवाही तेरे हुस्न की

---

1. अँधेरी 2. फाँसी 3. हलकी अँधेरी 4. होंठों से 5. अत्याचार की शाम 6. कविता 7. ग़म की मशाल

देख क़ायम रहे इस गवाही पे हम
हम जो तारीक राहों में मारे गए
नारसाई[1] अगर अपनी तक़दीर थी
तेरी उल्फ़त तो अपनी ही तदबीर थी

किसको शिकवा है गर शौक[2] के सिलसिले
हिज्र की क़त्लगाहों से[3] सब जा मिले
क़त्लगाहों से चुनकर हमारे अलम[4]
और निकलेंगे उश्शाक़ के[5] क़ाफ़िले

जिनकी राहे-तलब[6] से हमारे क़दम
मुख़्तसर कर चले दर्द के फ़ासले
कर चले जिनकी ख़ातिर जहांगीर[7] हम
जां[8] गंवा कर तेरी दिलबरी का भरम

हम जो तारीक राहों में मारे गए

['ज़िंदाँनामा']

---

1. विफलता 2. इश्क़ 3. वियोग के वधस्थलों से 4. झंडे 5. प्रेमीजनों के 6. प्रेम-मार्ग 7. विश्वव्यापी 8. जान

हुस्न और मौत

जो फूल सारे गुलिस्तां में सबसे अच्छा हो
फ़ुरोग़े-नूर[1] हो जिससे फ़िज़ाए-रंगी[2] में

ख़िज़ां[3] के जोरो-सितम[4] को न जिसने देखा हो
बहार ने जिसे ख़ूने-जिगर से पाला हो
वो एक फूल समाता है चश्मे-गुलचीं[5] में

हज़ार फूलों से आबाद बाग़े-हस्ती[6] है
अजल[7] की आंख फ़क़त एक को तरसती है
कई दिलों की उम्मीदों का जो सहारा हो
फ़िज़ा-ए-दहर की आलूदगी[8] से बाला[9] हो

जहां में आके अभी जिसने कुछ न देखा हो
न क़हते - ऐशो - मसर्रत[10], न ग़म की अरज़ानी[11]
किनारे - रहमते - हक़[12] में उसे सुलाती है
सुकूते-शब[13] में फ़रिश्तों की मर्सिया-ख़्वानी[14]

तवाफ़[15] करने को सुबहे-बहार आती है
सबा[16] चढ़ाने को जन्नत के फूल लाती है

['नक़्शे-फ़रियादी']

---

1. प्रकाश में बढ़ोत्तरी 2. रंगीन वातावरण 3. पतझड़ 4. अत्याचार और क्रूरता 5. फूल चुननेवाले की दृष्टि 6. जीवन रूपी उद्यान 7. मृत्यु 8. सृष्टि के वातावरण की लिप्ति 9. उच्च (निर्लिप्त) 10. ऐश्वर्य एवं सुख की कमी 11. दुःखों की बहुलता 12. ईश्वर की कृपा रूपी गोद 13. रात की निस्तब्धता 14. शोक-गीत 15. परिक्रमा 16. प्रभात-समीर

मेरे नदीम[1]...

ख़यालो-शे'र[2] की दुनिया में जान थी जिन से
फ़िज़ाए-फ़िक्रो-अमल[3] अरग़वान[4] थी जिन से
वो जिनके नूर[5] से शादाब[6] थे महो-अंजुम[7]
जुनूने-इश्क़ की हिम्मत जवान थी जिन से

वो आर्ज़ूएं[8] कहां सो गई हैं मेरे नदीम!

वो नासबूर[9] निगाहें, वो मुन्तज़िर राहें
वो पासे-ज़ब्त[10] से दिल में दबी हुई आहें
वो इन्तिज़ार की रातें, तवील[11], तीरा-व-तीर[12]
वो नीम-ख़्वाब शबिस्तां[13], वो मख़मली बांहें

कहानियां थीं, कहीं खो गई हैं मेरे नदीम!

मचल रहा है रगे-ज़िन्दगी में ख़ूने-बहार
उलझ रहे हैं पुराने ग़मों से रूह के तार
चलो, कि चलके चिराग़ां[14] करें दियारे-हबीब[15]
हैं इन्तिज़ार में अगली[16] मोहब्बतों के मज़ार[17]

मोहब्बतें जो फ़ना[18] हो गई हैं मेरे नदीम!

['नक़्शे-फ़रियादी']

---

1. मित्र, साथी 2. विचार और काव्य 3. विचार और कर्म का वातावरण 4. लाल (रंगीन) 5. ज्योति 6. आप्लावित, परिपूर्ण 7. चाँद-तारे 8. आकाँक्षाएँ 9. बेचैन, अधीर 10. सहन करने का लिहाज़ 11. लम्बी 12. अन्धकारपूर्ण 13. अर्ध-निंद्रित शयनागार 14. दीपमाला 15. प्रिय मित्र का घर 16. पुरानी 17. प्रेम की समाधियाँ 18. विनष्ट

मर्गे-सोज़े-मोहब्बत[1]

आओ कि मर्गे-सोज़े-मोहब्बत मनाएं हम
आओ कि हुस्ने-माह से[2] दिल को जलाएं हम

ख़ुश हो फ़िराक़े-क़ामतो-रुख़सारे-यार[3] से
सर्वो - गुलो - समन[4] से नज़र को सताएं हम
वीरानी - ए - हयात को[5] वीरानतर[6] करें
ले नासेह[7]! आज तेरा कहा मान जाएं हम

फिर ओट लेके दामने-अब्रे-बहार की[8]
दिल को मनाएं हम कभी आंसू बहाएं हम
सुलझाएं बेदिली से ये उलझे हुए सवाल
वां जाएं या न जाएं, न जाएं कि जाएं हम

फिर दिल को पासे-ज़ब्त[9] की तलक़ीन[10] कर चुकें
और इम्तिहाने-ज़ब्त[11] से फिर जी चुराएं हम
आओ कि आज ख़त्म हुई दास्ताने-इश्क़[12]
अब ख़त्मे-आशिक़ी[13] के फ़साने सुनाएं हम

['नक़्शे-फ़रियादी']

---

1. प्रेम की जलन की मृत्यु (अन्त) 2. चन्द्रमा के सौन्दर्य से 3. प्रेयसी के कपोलों और लम्बे क़द के वियोग से 4. सरो नामक पेड़ (जिससे ऊंचे क़द की उपमा दी जाती है) तथा फूलों (जिनसे कपोलों की उपमा दी जाती है) 5. जीवन की वीरानी को 6. और अधिक वीरान 7. उपदेशक 8. वसन्त-ऋतु के बादल के दामन की 9. सहन करने की परिपाटी 10. निर्देश 11. धैर्य की परीक्षा 12. प्रेम-कहानी 13. वह प्रेम जो समाप्त हो चुका है

तराना

दरबारे-वतन में जब इक दिन सब जाने वाले जाएंगे
कुछ अपनी सज़ा को पहुंचेंगे, कुछ अपनी जज़ा[1] ले जाएंगे
ऐ ख़ाक नशीनो[2]! उठ बैठो, वो वक़्त क़रीब आ पहुंचा है
जब तख़्त[3] गिराए जाएंगे, जब ताज उछाले जाएंगे
अब दूर गिरेंगी ज़ंजीरें, अब ज़िन्दानों की[4] ख़ैर नहीं
जो दरिया झूम के उट्ठेंगे, तिनकों से न टाले जाएंगे
कटते भी चलो बढ़ते भी चलो, बाज़ू भी बहुत हैं सर भी बहुत
चलते भी चलो कि अब डेरे मंज़िल पे ही डाले जाएंगे
ऐ ज़ुल्म के मारो! लब खोलो चुप रहने वालो चुप कब तक
कुछ हश्र[5] तो इन से उट्ठेगा, कुछ दूर तो नाले[6] जाएंगे

['दस्ते-सबा']

जो मेरा तुम्हारा रिश्ता है

मैं क्या लिखूं कि जो मेरा तुम्हारा रिश्ता है
वो आशिक़ी की ज़ुबां में कहीं भी दर्ज नहीं
लिखा गया है बहुत लुत्फ़-ए-वस्ल[7] ओ-दर्द-ए-फ़िराक़[8]
मगर ये कैफ़ियत[9] अपनी रक़म[10] नहीं है कहीं
ये अपना इश्क़ हम-आगोश[11] जिसमें हिज्र-ओ-विसाल
ये अपना दर्द कि है कबसे हमदम[12]-ए-मह-ओ-साल[13]
इस इश्क़-ए-ख़ास को हर एक से छिपाये हुए
गुज़र गया है ज़माना गले लगाये हुए

['गुबारे-अय्याम']

---

1. पारितोषिक 2. धूल-मिट्टी में रहने वालों 3. राज-सिंहासन 4. कारागारों की 5. प्रलय, शोर 6. आर्तनाद 7. मिलन का आनन्द 8. विरह का दुःख 9. हालत 10. लिखना 11. स्पर्श 12. दोस्त 13. महीने और वर्ष

अब कहां रस्म घर लुटाने की

अब कहां रस्म घर लुटाने की
बरकतें थीं शराबख़ाने की
कौन है जिससे गुफ़्तगू कीजे
जान देने की दिल लगाने की

बात छेड़ी तो उठ गई महफ़िल
उनसे जो बात थी बताने की
साज़ उठाया तो थम गया ग़म-ए-दिल
रह गई आरज़ू सुनाने की
चाँद फिर आज भी नहीं निकला
कितनी हसरत थी उनके आने की

[बेरुत, दिसम्बर, 1980]

पाँवों से लहू को धो डालो

हम क्या करते, किस रह चलते

हर राह में काँटे बिखरे थे
उन रिश्तों के, जो छूट गये

उन सदियों के यारानों के
जो इक इक करके टूट गये

जिस राह चले, जिस सिम्त गये
यूँ पाँव लहूलुहान हुए

सब देखने वाले कहते थे
ये कैसी रीत रचाई है
ये मेंहदी क्यूँ लगवाई है

वो कहते थे, क्यूँ क़हते-वफ़ा का
नाहक़ चर्चा करते हो
पाँवों से लहू को धो डालो

ये राहें जब अट जायेंगी
सौ रस्ते इनसे फूटेंगे
तुम दिल को सँभालो, जिसमें अभी
सौ तरह के नश्तर टूटेंगे

['शामे-शहरे-याराँ']

तुम अपनी करनी कर गुज़रो

अब क्यूँ उस दिन का ज़िक्र करो
जब दिल टुकड़े हो जाएगा
और सारे ग़म मिट जाएँगे
जो कुछ पाया खो जाएगा
जो मिल न सका वो पाएँगे
ये दिन तो वही पहला दिन है
जो पहला दिन था चाहत का
हम जिसकी तमन्ना करते थे
और जिससे हरदम डरते रहे
ये दिन तो कितनी बार आया
सौ बार बसे और उजड़ गये
सौ बार लुटे और भर पाया

अब क्यूँ उस दिन की फ़िक्र करो
जब दिल टुकड़े हो जाएगा
और सारे ग़म मिट जाएँगे
तुम ख़ौफ़ो-ख़तर से दरगुज़रो
जो होना है सो होना है
गर हँसना है तो हँसना है
गर रोना है तो रोना है
तुम अपनी करनी कर गुज़रो
जो होगा देखा जाएगा

['शामे-शहरे-याराँ']

कुछ इश्क़ किया, कुछ काम किया

वो लोग बड़े .ख़ुशक़िस्मत थे
जो इश्क़ को काम समझते थे
या काम से आशिक़ी करते थे
हम जीते - जी मसरूफ़ रहे
कुछ इश्क़ किया, कुछ काम किया

काम इश्क़ के आड़े आता रहा
और इश्क़ से काम उलझता रहा
फिर आख़िर तंग आकर हमने
दोनों को अधूरा छोड़ दिया

['शामे-शहरे-याराँ']

मख़्दूम* की याद में

'आपकी याद आती रही रात भर'
चाँदनी दिल दुखाती रही रात भर।।
गाह जलती हुई, गाह बुझती हुई
शम-ए-ग़म झिलमिलाती रही रात भर।।
कोई ख़ुशबू बदलती रही पैरहन[1]
कोई तस्वीर गाती रही रात भर।।
फिर सबा[2] साया-ए-शाख़-ए-गुल[3] के तले
कोई क़िस्सा सुनाती रही रात भर।।
जो न आया उसे कोई ज़ंजीर-ए-दर[4]
हर सदा पर बुलाती रही रात भर।।
एक उम्मीद पर दिल बहलता रहा
एक तमन्ना सताती रही रात भर।।

['शामे-शहरे-याराँ']

---

* उर्दू के मशहूर कवि, जिन्होंने तेलंगाना आन्दोलन में हिस्सा लिया था। उन्हीं की ग़ज़ल से प्रेरित होकर फ़ैज़ साहब ने यह ग़ज़ल लिखी थी।

1. कुर्ता, वस्त्र 2. ठंडी हवा 3. गुलाब की टहनी की छाया 4. दरवाज़े की साँकल

सब ताज उछाले जाएंगे, सब तख़्त गिराए जाएंगे

हम देखेंगे
लाज़िम[1] है कि हम भी देखेंगे
वो दिन कि जिसका वादा है
जो लौह-ए-अज़ल[2] में लिक्खा है
जब ज़ुल्म-ओ-सितम के कोह-ए-गरां[3]
रुई की तरह उड़ जाएंगे।
दम महकूमों[4] के पाओं तले
जब धरती धड़ धड़ धड़केगी
और अहल-ए-हिकम[5] के सर ऊपर
जब बिजली कड़ कड़ कड़केगी
जब अर्ज़-ए-ख़ुदा[6] के काअबे से
सब बुत उठवाए जाएंगे
हम अहल-ए-सफ़ा,[7] मरदूद-ए-हरम[8]
मसनद पे बिठाए जाएंगे
सब ताज उछाले जाएंगे
सब तख़्त गिराए जाएंगे
बस नाम रहेगा अल्लाह का
जो ग़ायब भी है हाज़िर भी
जो मंज़र[9] भी है नाज़िर[10] भी
उट्ठेगा 'अनल हक़'[11] का नारा
जो मैं भी हूँ और तुम भी हो
और राज करेगी ख़ल्क़-ए-ख़ुदा[12]
जो मैं भी हूँ और तुम भी हो।

---

1. ज़रूरी 2. वह तख़्ती जिस पर पहले ही दिन सबकी किस्मत अंकित कर दी गई 3. भारी पहाड़ 4. शोषितों 5. सत्तारूढ़ 6. ख़ुदा की धरती 7. पवित्र, खरे लोग 8. जिनकी कट्टरपन्थियों ने निन्दा की 9. दृश्य 10. दर्शक 11. 'मैं सत्य हूँ' (प्रसिद्ध सूफी सन्त मंसूर की उक्ति, जिसे उसकी इस घोषणा के कारण ही फाँसी पर लटकाया गया था) 12. प्रजा जन

इधर न देखो

इधर न देखो
कि जो बहादुर
कलम के या तेग के धनी थे
जो अज़्मों[1] हिम्मत के मुद्दई[2] थे
अब उनके हाथों में
सिदको-ईमां की आज़मदा पुरानी तलवार मुड़ गई है।

इधर न देखो
जो कजकुलह साहबे-हश्म[3] थे
जो अहले-दस्तारे-मुहतरमें[4] थे
हविस के पुरपेष रास्तों में
कुलह किसी ने गिर्व रख दी
किसी ने दस्तार बेच दी है

उधर भी देखो
जो अपने रखशां लहू के दिनार
मुफ़्त बाज़ार में लुटा कर
लहद[5] में इस वक्त तक गनी[6] हैं

---

1. निश्चय 2. दावेदार 3. ताजदार और शासक 4. प्रतिष्ठा की पगड़ी पहनने योग्य 5. क़ब्र 6. संपन्न

उधर भी देखो
जो हर्फ़े-हक की सलीब पर अपना तन सजाकर
जहां से ओझल हुए
और अहले-जहां में इस वक्त तक नबी[1] हैं।

हमसे अपनी नवा[2] हम-कलाम[3] होती रही
यह तेग अपने लहू में नयाम[4] होती रही
मुकाबले-सफ़े अअदा जिसे किया आगाज[5]
वो जंग अपने ही दिल में तमाम होती रही।

यह ब्राह्मण का करम[6] वो अताए-शैखे-हरम[7]
कभी हयात[8] कभी मय[9] हराम होती रही
जो कुछ भी बन न पड़ा फ़ैज लुट के यारों से
तो रहज़नो[10] से दुआओ-सलाम होती रही।

['गुबारे-अय्याम']

---

1. पैग़म्बर 2. आवाज़ 3. संबोधित 4. दुश्मनों के विरुद्ध 5. शुरू 6. कृपा 7. मस्जिद के शैख़ की देन 8. जीवन 9. शराब 10. डाकुओं

कोई आशिक़ किसी महबूबा से-2

गुलशन-ए याद में गर आज दम-ए-बाद-ए-सबा[1]
फिर से चाहे कि गुल-अफशाँ[2] हो तो हो जाने दो

उम्र-ए-रफ्ता[3] के किसी ताक पे बिसरा हुआ दर्द
फिर से चाहे कि फ़रोज़ाँ[4] हो तो हो जाने दो

जैसे बेगाने से अब मिलते हो वैसे ही सही
आओ दो - चार घड़ी मेरे मुक़ाबिल बैठो

गरचि मिल बैठेंगे हम तुम तो मुलाक़ात के बाद
अपना एहसास - ए - ज़याँ[5] और ज़ियादा होगा

हम-सुख़न[6] होंगे जो हम दोनों तो हर बात के बीच
अनकही बात का मौहूम[7] सा परदा होगा

कोई इक़रार न मैं याद दिलाऊँगा न तुम
कोई मज़मून वफ़ा का न जफ़ा का होगा

['मिरे दिल मिरे मुसाफ़िर']

---

1. पवन का झोंका 2. फूल बिखराना 3. बीती हुई उम्र 4. उज्ज्वल, रोशन 5. खोने की अनुभूति 6. दूसरे से बात करते हुए 7. आशंकित, हल्का-सा

शायर लोग

(कफकाज के शायर कासिन कुली से)

हरेक दौर में हम, हर ज़माने में हम
ज़हर पीते रहे, गीत गाते रहे
जान देते रहे ज़िन्दगी के लिए
साअत-ए-वस्ल[1] की सरखुशी[2] के लिए
दीन-ओ-दुनिया की दौलत लुटाते रहे
फक्र-ओ-फाका[3] का तोशा[4] सँभाले हुए
जो भी रस्ता चुना उस पे चलते रहे
माल वाले हिकारत[5] से तकते रहे
तान[6] करते रहे हाथ मलते रहे
हमने उन पर किया हर्फ़-ए-हक[7] संग-ज़न[8]
जिन की हैबत[9] से दुनिया लरज़ती रही
जिन पे आँसू बहाने को कोई न था
अपनी आँख उनके ग़म में बरसती रही
सबसे ओझल हुए हुक्म-ए-हाकिम पे हम
क़ैदख़ाने सहे ताज़याने[10] सहे।
लोग सुनते रहे साज़-ए-दिल की सदा
अपने नग़मे सलाख़ों से छनते रहे
खूँचकाँ[11] दह्र[12] का खूँचकाँ आईना
दुख भर ख़ल्क़[13] का दुख भरा दिल हैं हम
तब्अ-ए-शाएर[14] हैं जंगाह-ए-अद्ल-ओ-सितम[15]
मुन्सिफ-ए-खैर-ओ-शर[16] हक़्क-ओ-बातिल[17] हैं हम

---

1. मिलन की घड़ी 2. मस्ती की चरम सीमा 3. निर्धनता और भूख 4. सामग्री 5. घृणा 6. व्यंग्य 7. सत्य-वचन 8. पत्थर मारने वाला 9. भयभीत होना 10. कोड़े 11. खून टपकाना 12. जमाना 13. जनता 14. अन्तरात्मा के कवि 15. ज़ुल्म और इन्साफ़ की रणभूमि 16. अच्छाई और बुराई के बीच इन्साफ करने वाला 17. सत्य और असत्य

सहल यूँ राह-ए-ज़िन्दगी की है
हर क़दम हमने आशिक़ी की है
हमने दिल में सजा लिये गुलशन
जब बहारों ने बेरुख़ी की है
ज़हर से धो लिये हैं होंठ अपने
लुत्फ़-ए-साक़ी[1] ने जब कमी की है
तेरे कूचे में बादशाही की
जब से निकले गदागरी[2] की है
बस वही सुर्खरू हुआ जिसने
बहर-ए-खूँ में शनावरी[3] की है
''जो गुज़रते थे दाग़ पर सदमें''
अब वही कैफ़ियत सभी की है

दिले-मन मुसाफ़िरे-मन

मेरे दिल, मेरे मुसाफ़िर
हुआ फिर से हुक्म सादिर[4]
कि वतन-बदर[5] हों हम तुम
दें गली-गली सदाएँ
करें रुख नगर-नगर का
कि सुराग़ कोई पाएँ
किसी यार-ए-नामा-बर[6] का
हर एक अजनबी से पूछें
जो पता था अपने घर का
सर-ए-कू-ए-नाशनायाँ[7]
हमें दिन से रात करना

['मिरे दिल मिरे मुसाफ़िर']

---

1. साक़ी की मेहरबानी 2. भीख माँगना 3. तैरना 4. घोषित 5. देश-निकाला 6. पत्रवाहक 7. अजनबी गलियों में।

ऐ वतन, ऐ वतन

तेरे पैग़ाम पर, ऐ वतन, ऐ वतन
आ गये हम फ़िदा हो तिरे नाम पर
तेरे पैग़ाम पर, ऐ वतन, ऐ वतन

नज़्र क्या दें कि हम माल वाले नहीं
आन वाले हैं इक़बाल वाले नहीं
हाँ, ये जाँ है कि सुख जिसने देखा नहीं
या ये तन, जिसपे कपड़े का टुकड़ा नहीं
अपनी दौलत यही, अपना धन है यही
अपना जो कुछ भी हे, ऐ वतन, है यही
वार देंगे य सब कुछ तिरे नाम पर
तेरी ललकार पर, तेरे पैग़ाम पर
तेरे पैग़ाम पर, ऐ वतन, ऐ वतन
हम लुटा देंगे जानें तिरे नाम पर

तेरे ग़द्दार ग़ैरत से मुँह मोड़कर
आज फिर ऐरो-ग़ैरों से सर जोड़कर
तेरी इज़्ज़त का भाओ लगाने लगे
तेरी अस्मत का सौदा चुकाने लगे
दम में दम है, तो ये करने देंगे न हम
चाल उनकी कोई चलने देंगे न हम
तुझको बिकने न देंगे किसी दाम पर
हम लुटा देंगे जानें तेरे नाम पर
सर कटा देंगे हम तेरे पैग़ाम पर
तेरे पैग़ाम पर, ऐ वतन, ऐ वतन!

ग़ज़लें

1

दोनों जहान तेरी मोहब्बत में हार के
वो जा रहा है कोई शबे-ग़म गुज़ार के

वीरां है मैकदा ख़ुमो-साग़र[1] उदास हैं
तुम क्या गए कि रूठ गए दिन बहार के

इक फ़ुर्सते-गुनाह[2] मिली, वो भी चार दिन
देखे हैं हमने हौसले परवरदिगार के[3]

दुनिया ने तेरी याद से बेगाना कर दिया
तुझ से भी दिलफ़रेब[4] हैं ग़म रोज़गार के

भूले से मुस्करा तो दिए थे वो आज 'फ़ैज़'
मत पूछ वलवले दिले-नाकर्दाकार के[5]

हम पर तुम्हारी चाह का इल्ज़ाम ही तो है
दुश्नाम[6] तो नहीं है ये अक्राम[7] ही तो है

करते हैं जिसपे तअन[8] कोई जुर्म तो नहीं
शौक़े-फिज़ूलो-उल्फ़ते-नाकाम[9] ही तो है

दिल नाउमीद तो नहीं नाकाम[10] ही तो है
लम्बी है ग़म की शाम मगर शाम ही तो है

1. शराब का प्याला और मटकी 2. पाप करने का अवकाश 3. भगवान के 4. हृदयाकर्षक 5. अनुभवहीन दिल के 6. गाली (बुराई) 7. अनुग्रह 8. व्यंग्य 9. व्यर्थ का शौक़ तथा असफल प्रेम 10. असफल

दस्ते-फ़लक में[1] गर्दिशे-तक़दीर[2] तो नहीं
दस्ते-फ़लक में गर्दिशे-अय्याम[3] ही तो है

आख़िर तो एक रोज़ करेगी नज़र वफ़ा
वो यार ख़ुश-ख़साल[4] सरे-बाम[5] ही तो है

भीगी है रात 'फ़ैज़' ग़ज़ल इब्तिदा[6] करो
वक़्ते - सरोद[7] दर्द का हंगाम[8] ही तो है

['नक़्शे-फ़रियादी']

2

तुम आए हो न शबे-इन्तिज़ार[9] गुज़री है
तलाश में है सहर[10], बार-बार गुज़री है

जुनूं में[11] जितनी भी गुज़री ब-कार[12] गुज़री है
अगरचे दिल पे ख़राबी हज़ार गुज़री है

हुई है हज़रते-नासेह से[13] गुफ्तगू जिस शब
वो शब ज़रूर सरे-कू-ए-यार[14] गुज़री है

वो बात सारे फ़साने में[15] जिसका ज़िक्र न था
वो बात उनको बहुत नागवार गुज़री है

न गुल खिले हैं, न उनसे मिले, न मय पी है
अजीब रंग में अब के बहार गुज़री है

चमन पे ग़ारते-ग़ुलचीं से[16] जाने क्या गुज़री
क़फ़स से[17] आज सबा[18] बेक़रार गुज़री है

['दस्ते-सबा']

---

1. आकाश के हाथ में 2. भाग्य-चक्र 3. काल-चक्र 4. अच्छे स्वभाव वाला 5. छत पर 6. शुरू 7. गाने का समय 8. समय 9. इन्तज़ार की रात 10. सुबह 11. उन्माद में 12. काम में 13. उपदेशक से 14. प्रेमिका की गली में 15. कहानी में 16. माली की लूट-खसूट से 17. पिंजरे से 18. प्रभात-समीर

3

इश्क़ मिन्नत-कशे-क़रार[1] नहीं
हुस्न मजबूरे - इन्तिज़ार नहीं

तेरी रंजिश की इन्तिहा मालूम
हसरतों का मेरी शुमार[2] नहीं

अपनी नज़रें बिखेर दे साक़ी
मय बअंदाज़ा - ए - ख़ुमार[3] नहीं

ज़ेरे-लब[4] है अभी तबस्सुमे-दोस्त[5]
मुन्तशिर[6] जल्वए - बहार[7] नहीं

अपनी तकमील[8] कर रहा हूं मैं
वर्ना तुझसे तो मुझको प्यार नहीं

चारा - ए - इन्तिज़ार[9] कौन करे
तेरी नफ़रत भी उस्तवार[10] नहीं

'फ़ैज़' ज़िन्दा रहें वो हैं तो सही
क्या हुआ गर वफ़ा-शिआर[11] नहीं

['नक़्शे-फ़रियादी']

---

1. चैन का आभारी 2. गणना 3. नशे के अनुमान के अनुसार 4. होंठों में 5. मित्र या प्रेमिका की मुस्कान 6. अस्त-व्यस्त 7. बहार का जल्वा 8. पूर्णता 9. इन्तज़ार का इलाज 10. दृढ़ 11. प्रेम निभाने के अभ्यस्त

4

रंग पैराहन का[1], ख़ुशबू ज़ुल्फ़ लहराने का नाम
मौसमे-गुल[2] है तुम्हारे बाम पर[3] आने का नाम

दोस्तो, उस चश्मो-लब की[4], कुछ कहो जिसके बग़ैर
गुलिस्तां की बात रंगी[5] है, न मैख़ाने का नाम

फिर नज़र में फूल महके, दिल में फिर शम्एं जलीं
फिर तसव्वुर ने[6] लिया उस बज़्म में जाने का नाम

दिलबरी ठहरी ज़वाने-ख़ल्क[7] खुलवाने का नाम
अब नहीं लेते परी-रू[8] ज़ुल्फ़ बिखराने का नाम

अब किसी लैला को भी इक़रारे-महबूबी[9] नहीं
इन दिनों बदनाम है हर एक दीवाने का नाम

मोहतसिब की[10] ख़ैर, ऊंचा है उसी के फ़ैज़ से[11]
रिंद का, साक़ी का, मय का, खुम का[12], पैमाने का नाम

हम से कहते हैं चमन वाले, ग़रीबाने-चमन[13]
तुम कोई अच्छा-सा रख लो अपने वीराने का नाम

'फ़ैज़' उनको है तक़ाज़ा-ए-वफ़ा[14] हम से जिन्हें
आशना[15] के नाम से प्यारा है बेगाने का नाम

['दस्ते-सबा']

---

1. लिबास का 2. वसन्त ऋतु 3. छत पर 4. आँखों और होठों की 5. रंगीन 6. कल्पना ने 7. दुनिया की ज़बान 8. परियों जैसे मुखड़े वाले 9. प्रेमिका होने का इक़रार 10. रसाध्यक्ष की 11. कृपा से 12. शराब के मटके का 13. प्रवासी 14. वफ़ा का तक़ाजा 15. मित्र, प्रेमी

5

दिल में अब यूं तेरे भूले हुए ग़म आते हैं
जैसे बिछड़े हुए का'बे में सनम[1] आते हैं

एक-एक करके हुए जाते हैं तारे रोशन
मेरी मंजिल की तरफ़ तेरे क़दम आते हैं

रक़्से-मय[2] तेज़ करो, साज़ की लै तेज़ करो
सूए - मैख़ाना[3] सफ़ीराने - सफ़र[4] आते हैं

कुछ हमीं को नहीं एहसान उठाने का दिमाग़
वो तो जब आते हैं, माइल-ब-करम[5] आते हैं

और कुछ देर न गुज़रे शबे-फ़ुक़त[6] से कहो
दिल भी कम दुखता है वो याद भी कम आते हैं

['दस्ते-सबा']

---

1. मूर्तियाँ 2. शराब का नृत्य (दौर) 3. मधुशाला की ओर 4. मुसाफ़िर 5. कृपा करने पर उतारू 6. वियोग की रात

6

अ़ज्ज़े-अहले-सितम की[1] बात करो
इश्क़ के दम-क़दम की बात करो

बज़्मे - अहले - तरब को[2] शर्माओ
बज़्मे-असहाबे-ग़म की[3] बात करो

बामे-सरवत के[4] ख़ुशनसीबों से
अ़ज़्मते-चश्मे-नम की[5] बात करो

है वही बात यूं भी और यूं भी
तुम सितम या करम की[6] बात करो

ख़ैर हैं, अहले - दैर[7] जैसे हैं
आप अहले - हरम[8] की बात करो

हिज्र की शब तो कट ही जाएगी
रोज़े - वस्ले - सनम की[9] बात करो

जान जाएंगे जानने वाले
'फ़ैज़' फ़रहादो - जम की[10] बात करो

['दस्ते-सबा']

---

1. अत्याचारियों के विनय की 2. प्रमोद मनाने वालों की सभा को 3. ग़म जिनकी निधि है, उनकी सभा की 4. समृद्धि के शिखर पर के 5. सजल नेत्रों की महानता की 6. कृपा की 7. मन्दिर वाले 8. का'बे या मस्जिद वालों की 9. प्रेमिका के मिलन के दिन की 10. प्रेमी फ़रहाद और जमशेद (ईरान के तत्कालीन बादशाह) की

7

कभी-कभी याद में उभरते हैं नक़्शे-माजी[1] मिटे-मिटे से
वो आज़माइश दिलो-नज़र की, वो कुरबतें सी[2] वो फ़ासले से

कभी-कभी आरजू के सहरा में[3] आके रुकते हैं क़ाफ़िले से
वो सारी बातें लगाव की सी, वो सारे उन्वां[4] विसाल के[5] से

निगाहो-दिल को क़रार कैसा, निशातो-ग़म में[6] कमी कहां की
वो जब मिले हैं तो उनसे हर बार की है उल्फ़त[7] नये सिरे से

तुम्हीं कहो रिंदो-मोहतसिब[8] में है आज शब[9] कौन फ़र्क़ ऐसा
ये आके बैठे हैं मैकदे में[10] वो उठके आए हैं मैकदे से

['दस्ते-सबा']

8

कई बार इसका दामन भर दिया हुस्ने-दो आ़लम से[11]
मगर दिल है कि उसकी ख़ाना-वीरानी नहीं जाती

कई बार उसकी ख़ातिर ज़र्रे-ज़र्रे का जिगर चीरा
मगर ये चश्मे-हैरां[12] जिसकी हैरानी नहीं जाती

नहीं जाती मता-ए-लालो-गौहर[13] की गिरांयाबी[14]
मता-ए-ग़ैरतो-ईमां[15] की अर्ज़ानी[16] नहीं जाती

मेरी चश्मे-तन-आसां को[17] बसीरत[18] मिल गई जब से
बहुत जानी हुई सूरत भी पहचानी नहीं जाती

बजुज़[19] दीवानगी वां[20] और चारा ही कहो क्या हैं
जहां अ़क्लो-ख़िरद की[21] एक भी मानी नहीं जाती

['नक़्शे-फ़रियादी']

---

1. अतीत के चित्र 2. नज़दीकियाँ सी 3. मरुस्थल में 4. शीर्षक 5. मिलन के 6. सुख-दुःख में 7. प्रेम 8. पियक्कड़ और रसाध्यक्ष 9. रात 10. मधुशाला में 11. दोनों दुनियाओं की सुन्दरता से 12. हैरान आँख 13. हीरे-मोतियों की निधि 14. महंगापन 15. ईमान और ग़ैरत की निधि 16. सस्तापन 17. आलसी आँख को 18. विश्वास और पहचान की शक्ति 19. सिवाय 20. वहाँ 21. बुद्धि की

9

शैख़ साहब से रस्मो - राह न की
शुक्र है ज़िन्दगी तबाह न की
तुझ को देखा तो सेर-चश्म हुए[1]
तुझ को चाहा तो और चाह न की
तेरे दस्ते - सितम का[2] अज्ज़[3] नहीं
दिल ही काफ़िर था जिसने आह न की
थे शबे - हिज्र[4] काम और बहुत
हमने फ़िक्रे - दिले - तबाह न की
कौन क़ातिल बचा है शहर में 'फ़ैज़'
जिससे यारों ने रस्मो - राह न की

['ज़िंदाँनामा']

10

शामे-फ़िराक़[5] अब न पूछ, आई और आके टल गई
दिल था कि फिर बहल गया, जां थी कि फिर संभल गई
बज़्मे-ख़याल में[6] तेरे हुस्न की शम्अ जल गई
दर्द का चांद बुझ गया, हिज्र की[7] रात ढल गई
जब तुझे याद कर लिया, सुबह महक-महक उठी
जब तेरा ग़म जगा लिया, रात मचल-मचल गई
दिल से तो हर मुआमला करके चले थे साफ़ हम
कहने में उनके सामने बात बदल-बदल गई
आख़िरे-शब के[8] हमसफ़र 'फ़ैज़' न जाने क्या हुए
रह गई किस जगह सबा[9], सुबह किधर निकल गई

['ज़िंदाँनामा']

---

1. आँखों की सारी भूख मिट गई 2. अत्याचारी हाथ का 3. नम्रता या कमी 4. वियोग की रात 5. वियोग की शाम या रात 6. कल्पनाओं की सभा में 7. वियोग की 8. रात में अन्त के 9. प्रभात-समीर

11

सच है हमीं को आपके शिकवे बजा न थे
बेशक सितम[1] जनाब के सब दोस्ताना थे

हां, जो जफ़ा भी आपने की क़ायदे से की
हां, हम ही कारबंदे-उसूले-वफ़ा[2] न थे

आए तो यूंकि जैसे हमेशा थे मेहरबां
भूले तो यूं कि गोया कभी आशना[3] न थे

क्यों दादे-ग़म हमीं ने तलब की, बुरा किया
हम से जहां में कुश्तए-ग़म[4] और क्या न थे

हर चारागर[5] को चारागरी से गुरेज़[6] था
वर्ना हमें जो दुख थे बहुत लादवा[7] न थे

लब पर[8] है तल्ख़ी-ए-मए-अय्याम[9], वर्ना 'फ़ैज़'
हम तल्ख़ी-ए-कलाम[10] पे माइल[11] ज़रा न थे

['ज़िंदाँनामा']

---

1. अत्याचार 2. वफ़ा निभाने के नियमों पर चलने वाले 3. परिचित 4. ग़म के मारे हुए 5. उपचारक 6. विरक्ति 7. असाध्य 8. होंठों पर 9. दिनों (जीवन) रूपी शराब की कड़वाहट 10. कटु वचन 11. प्रवृत्त

12

हर हक़ीक़त[1] मजाज़[2] हो जाये
काफ़िरों की नमाज़ हो जाये

मिन्नते-चारासाज़[3] कौन करे
दर्द जब जां-नवाज़[4] हो जाये

इश्क़ दिल में रहे तो रुसवा हो
लब पे[5] आये तो राज़ हो जाये

लुत्फ़ का इन्तिज़ार करता हूं
जोर[6] ता-हद्दे-नाज़[7] हो जाये

उम्र बेसूद[8] कट रही है 'फ़ैज़'
काश! अफ़शा-ए-राज़ हो जाये[9]

['नक़्शे-फ़रियादी']

---

1. वास्तविकता 2. लौकिक 3. उपचारक की मिन्नत 4. प्राणवर्द्धक 5. होंठों पर 6. अत्याचार 7. नाज़ की हद तक 8. व्यर्थ 9. भेद खुल जाये

13

अब वही हर्फ़े-जुनूं[1] सब की ज़बां ठहरी है
जो भी चल निकली है, वो बात कहां ठहरी है

आज तक शैख़ के अकराम में[2] जो शै थी हराम
अब वही दुश्मने - दीं[3] राहते-जां[4] ठहरी है

है ख़बर गर्म कि फिरता है गुरेज़ां[5] नासेह[6]
गुफ़्तगू आज सरे - कूए - बुतां[7] ठहरी है

वस्ल की शब थी तो किस दर्जा सुबक[8] गुज़री थी
हिज्र की शब है तो क्या सख़्त गिरां[9] ठहरी है

इक दफ़ा बिखरी तो हात आई है कब मौजे़-शमीम[10]
दिल से निकली है तो क्या लब पे फ़ुग़ां[11] ठहरी है

दस्ते-सय्याद[12] भी आजिज़[13] हैं, कफ़े-गुलचीं[14] भी
बूए-गुल[15] ठहरी, न बुलदुल की ज़बां ठहरी है

आते-आते युंही दम-भर को रुकी होगी बहार
जाते-जाते युंही पल-भर को ख़िज़ां ठहरी है

हमने तो तर्ज़े-फ़ुग़ां[16] की है क़फ़स में[17] ईजाद[18]
'फ़ैज़' गुलशन में वही तर्ज़े-बयां[19] ठहरी है

['दस्ते-सबा']

---

1. उन्माद की बात (भाषा) 2. पारितोषिक में 3. धर्म की शत्रु 4. जीवन का आनन्द 5. विरक्त 6. उपदेशक 7. प्रेमिका की गली में 8. हल्की, शीघ्र 9. भारी, असह्य 10. सुगन्ध की लहर 11. होंठों पर आह 12. शिकारी का हाथ 13. असमर्थ 14. माली का पंजा 15. फूल की सुगन्ध 16. आर्त्तनाद का ढंग 17. पिंजरे (जेल) में 18. आविष्कार 19. बात का ढंग

14

राज़े - उल्फ़त छुपाके देख लिया
दिल बहुत कुछ जलाके देख लिया

और क्या देखने को बाक़ी है
आप से दिल लगा के देख लिया

आस उस दर से[1] टूटती ही नहीं
जाके देखा, न जाके देख लिया

वो मेरे होके भी मेरे न हुए
उनको अपना बनाके देख लिया

आज उनकी नज़र में कुछ हमने
सब की नज़रें बचाके देख लिया

'फ़ैज़' तकमीले-ग़म[2] भी हो न सकी
इश्क़ को आज़माके देख लिया

['नक़्शे-फ़रियादी']

---

1. दरवाज़े से 2. ग़म की पूर्ति

15

तुम्हारी याद के जब जख़्म भरने लगते हैं
किसी बहाने तुम्हें याद करने लगते हैं

हदीसे-यार[1] के उन्वां[2] निखरने लगते हैं
तो हर हरीम में[3] गेसू[4] संवरने लगते हैं

हर अजनबी हमें महरम[5] दिखाई देता है
जो अब भी तेरी गली से गुज़रने लगते हैं

सबा से[6] करते हैं गुर्बत - नसीब[7] ज़िक्रे-वतन[8]
तो चश्मे - सुबह में[9] आंसू उभरने लगते हैं

वो जब भी करते हैं इस नुत्क़ो-लब की[10] बख़ियागरी
फ़िज़ा में[11] और भी कांटे बिखरने लगते हैं

दरे-क़फ़स पे[12] अंधेरे की मुहर लगती है
तो 'फ़ैज़' दिल में सितारे उतरने लगते हैं

['दस्ते-सबा']

---

1. यार की चर्चा 2. शीर्षक 3. घर की चहारदीवारी में 4. केश 5. राज़दार 6. प्रभात-समीर से 7. देश से निकले हुए 8. देश की चर्चा 9. सुबह की आँख में 10. ज़बान और होंठों की 11. वातावरण में 12. पिंजरे के दरवाज़े पर

16

वो अहदे-ग़म[1] की फाहिशहा-ए-बेहासिल[2] को क्या समझे
जो उनकी मुख़्तसर रूदाद[3] भी सब्र-आज़मा[4] समझे

यहां वाबस्तगी[5] वां[6] बरहमी[7], क्या जानिये क्यों है
न हम अपनी नज़र समझे, न हम उनकी अदा समझे

फ़रेबे - आरजू की[8] सहल - अंगारी[9] नहीं जाती
हम अपने दिल की धड़कन को तेरी आवाज़े-पा[10] समझे

तुम्हारी हर नज़र से मुन्सलिक[11] है रिश्तए-हस्ती[12]
मगर ये दूर की बातें कोई नादान क्या समझे

न पूछो अहदे-उल्फ़त की[13], बस इक ख़्वाबे-परीशां[14] था
न दिल को राह पर लाये न दिल का मुद्दआ[15] समझे

['नक़्शे-फ़रियादी']

---

1. दुःख के दिन 2. व्यर्थ वेदना, 3. संक्षिप्त कहानी 4. उबाऊ 5. सम्बन्ध 6. वहाँ 7. क्षोभ 8. आकांक्षा के धोखे की 9. सहल-पसंदी 10. पैरों की चाप 11. बँधी हुई 12. जीवन का सम्बन्ध 13. प्रेम के काल की 14. बिखरा स्वप्न 15. अभिप्राय

17

गुलों में रंग भरे बादे - नौबहार[1] चले
चले भी आओ कि गुलशन का कारोबार चले

क़फ़स[2] उदास है यारो सबा[3] से कुछ तो कहो
कहीं तो बह्‌रे-ख़ुदा[4] आज ज़िक्रे-यार चले

बड़ा है दर्द का रिश्ता, ये दिल ग़रीब सही
तुम्हारे नाम पे आएंगे ग़मगुसार[5] चले

जो हम पे गुज़री सो गुज़री मगर शबे-हिज्रां[6]
हमारे अश्क तेरी आक़बत[7] संवार चले

हुज़ूरे - यार[8] हुई दफ़्तरे - जुनूं की[9] तलब
गिरह में लेके गरेबां का तार-तार चले

मुक़ाम[10] 'फ़ैज़' कोई राह में जंचा ही नहीं
जो कूए-यार से[11] निकले तो सूए-दार[12] चले

['ज़िंदाँनामा']

---

1. नव-वसन्त की हवा 2. पिंजरा 3. प्रभात-समीर 4. भगवान के लिए 5. सहानुभूति-कर्ता 6. वियोग की रात को 7. परलोक 8. यार या प्रेयसी की सेवा में 9. इश्क़ (उन्माद) के वृत्तांत की 10. स्थान 11. यार की गली से 12. फाँसी के तख़्ते की ओर

18

हिम्मते - इल्तिजा[1] नहीं बाक़ी
ज़ब्त का हौंसला नहीं बाक़ी

इक तेरी दीद[2] छिन गई मुझसे
वर्ना दुनिया में क्या नहीं बाक़ी

अपनी मश्क़े-सितम से[3] हाथ न खैंच
मैं नहीं या वफ़ा नहीं बाक़ी

तेरी चश्मे-अलम-नवाज़[4] की ख़ैर
दिल में कोई गिला नहीं बाक़ी

हो चुका ख़त्म अहदे-हिज्रो-विसाल[5]
ज़िन्दगी में मज़ा नहीं बाक़ी

['नक़्शे-फ़रियादी']

---

1. प्रार्थना की शक्ति 2. दर्शन 3. अत्याचार के अभ्यास से 4. वेदना प्रदान करने वाली आँख
5. वियोग तथा मिलन का ज़माना

19

कब याद में तेरा साथ नहीं, कब हाथ में तेरा हाथ नहीं
सद[1] शुक्र कि अपनी रातों में हिज्र की कोई रात नहीं

मुश्किल हैं अगर हालात वहां, दिल बेच आयें जां दे आयें
दिल वालो कूचा-ए-जानां में[2] क्या ऐसे भी हालात नहीं

जिस धज से कोई मक़तल में[3] गया, वो शान सलामत रहती है
ये जान तो आनी-जानी है, इस जां की तो कोई बात नहीं

मैदाने-वफ़ा[4] दरबार नहीं, यां नामो-नशां की[5] पूछ कहां
आ़शिक़ तो किसी का नाम नहीं, कुछ इश्क़ किसी की ज़ात नहीं

ये बाज़ी इश्क़ की बाज़ी है, जो चाहो लगा दो डर कैसा
गर जीत गये तो क्या कहना, हारे भी तो बाज़ी मात नहीं

['ज़िंदाँनामा']

1. सौ 2. प्रेमिका की गली में 3. वधस्थल में 4. वफ़ा का क्षेत्र 5. नाम तथा कुल की

20

चश्मे-मयगूं[1] ज़रा इधर कर दे
दस्ते-क़ुदरत को[2] बेअसर[3] कर दे

तेज़ है आज दर्दे-दिल साक़ी
तल्ख़ी-ए-मय[4] को तेज़तर[5] कर दे

जोशे-वहशत[6] है तश्ना-काम[7] अभी
चाक दामन को ताज़गर[8] कर दे

मेरी क़िस्मत से खेलने वाले
मुझको क़िस्मत से बेख़बर कर दे

लुट रही है मेरी मता-ए नियाज़[9]
काश! वो इस तरफ़ नज़र कर दे

'फ़ैज़' तकमीले-आरज़ू[10] मालूम
हो सके तो युंही बसर कर दे[11]

['नक़्शे-फ़रियादी']

1. शराब के रंग जैसी (शराबी) आँख 2. प्रकृति के हाथ को 3. निष्प्रभाव 4. शराब की कड़वाहट 5. और अधिक तेज़ 6. उन्माद का जोश 7. अतृप्त 8. सफल मनोरथ 9. भक्ति रूपी पूंजी 10. अभिलाषा पूर्ण होने का परिणाम 11. गुज़ार दे

21

रहे-ख़िज़ां में[1] तलाशे-बहार करते रहे
शबे-सियह से[2] तलबे-हुस्ने-यार करते रहे[3]

ख़याले-यार कभी, ज़िक्रे-यार करते रहे
इसी मताअ पे[4] हम रोज़गार करते रहे

नहीं शिकायते-हिज्रां[5] कि इस वसीले से[6]
हम उनसे रिश्ता-ए-दिल उस्तवार[7] करते रहे

वो दिन कि कोई भी जब वजहे-इन्तिज़ार न थी
हम उनमें तेरा सवा[8] इन्तिज़ार करते रहे

हम अपने राज पे नाज़ां थे, शर्मसार न थे
हरेक से सुख़ने - राज़दार करते रहे[9]

उन्हीं के फ़ैज़[10] से बाज़ारे-अक्ल[11] रौशन है
जो गाह-गाह[12] जुनूं[13] इख़्तियार करते रहे

['ज़िंदाँनामा']

22

बेबसी का कोई दरमा[14] नहीं करने देते,
अब तो वीराना भी वीरां नहीं करने देते

उनको इस्लाम के लुट जाने का डर इतना है
अब तो काफिर को मुसलमां नहीं करने देते

दिल में जो आग फिरोजां[15] है अदू[16] उसका क्या
कोई मजमूं किसी उनवा[17] नहीं करने देते

दिल को सदलख़्त[18] किया सीने को सद चाक किया
और हमें चाके-गरेबां नहीं करने देते

---

1. पतझड़ के मार्ग में 2. काली, अंधियारी रात से 3. यार या प्रेमिका का सौन्दर्य माँगते रहे 4. पूंजी पर 5. वियोग की शिकायत 6. साधन से 7. दृढ़ 8. और अधिक 9. गुप्त भेद बतलाते रहे 10. कृपा 11. बुद्धिरूपी बाज़ार 12. कभी-कभी 13. उन्माद 14. इलाज 15. दहक रही है 16. शत्रु 17. शीर्षक 18. सौ टुकड़े

23

सभी कुछ है तेरा दिया हुआ, सभी राहतें सभी उलफतें[1]
कभी सुहबतें[2] कभी फुरक़तें, कभी दूरियाँ कभी क़ुरबतें[3]

ये सुखन जो हमने रकम[4] किये, ये हैं सब वरक तिरी याद के
कोई लमहा सुबह-ए-विसाल का कई शाम-ए-हिज्र की मुद्दतें

जो तुम्हारी मान लें नासिहा[5], तो रहेगा दामन-ए-दिल में क्या
न किसी अदू की अदावतें, न किसी सनम की मुरव्वतें

चलो आओ तुम को दिखाएं हम जो बचा है मकतल[6]-ए-शहर में
ये मज़ार एहल-ए-सफ़ा[7] के हैं, ये हैं एहल-ए-सिद्क़[8] की तुरबतें[9]

मेरी जान, आज का ग़म न कर कि न जाने कातिब-ए-वक्त ने
किसी अपने कल में भी भूल कर कहीं लिख रखी हों मुसर्रतें

['शामे-शहरे-याराँ']

---

1. प्रेम 2. महफ़िलें 3. पास 4. लिखना 5. ओ नसीहत करने वाले 6. क़त्ल होने की जगह 7. पवित्र लोग 8. सच्चे लोग 9. क़ब्रें

24

न गँवाओ नावके - नीमकश[1], दिले-रेज़ा रेज़ा गँवा दिया
जो बचे हैं संग[2] समेट लो, तने-दाग़ दाग़ लुटा दिया

मिरे चारागर को नवेद हो[3], सफ़े-दुश्मनों को ख़बर[4] करो
जो वो क़र्ज़ रखते थे जान पर, वो हिसाब आज चुका दिया

करो कज जबीं पे सरे-कफ़न[5], मिरे क़ातिलों को गुमाँ न हो
कि ग़ुरूरे-इश्क़ का बाँकपन पसे-मर्ग[6] हमने भुला दिया

उधर एक हर्फ़ कि कुश्तनी[7], यहाँ लाख उज़्र था मुफ़्तनी[8]
जो कहा तो सुनके उड़ा दिया, जो सिखा तो पढ़के मिटा दिया

जो रुके तो कोहे-गराँ[9] थे हम, जो चले तो जाँ से गुज़र गये
रहे - यार[10] हमने क़दम - क़दम, तुझे यादगार बना दिया

['दस्ते-तहे-संग']

1. आधा खिंचा हुआ तीर 2. पत्थर 3. इलाज करने वाले को शुभ समाचार 4. दुश्मनों की क़तार 5. बाँके माथे पर कफ़न बाँधो 6. मरने के बाद 7. मादक 8. विवशताएँ कहने काबिल थीं 9. खूब बड़ा पहाड़ 10. प्रेमी के घर की राह

25

कब ठहरेगा दर्द ऐ दिल, कब रात बसर होगी
सुनते थे वो आयेंगे, सुनते थे सहर होगी
कब जान लहू होगी, कब अश्क गुहर[1] होगा
किस दिन तिरी शनवाई[2], ऐ दीदा - ए - तर, होगी
कब महकेगी फ़स्ले - गुल, कब बहकेगा मयख़ाना
कब सुब्हे - सुख़न होगी, कब शामे - नज़र होगी
वाइज़[3] है न ज़ाहिद[4] है, नासे'ह[5] है न क़ातिल है
अब शह्र में यारों की किस तरह बसर होगी
कब तक अभी रह देखें, ऐ क़ामते - जानाना[6]
कब हश्र मुअय्यन[7] है, तुझको तो ख़बर होगी

['दस्ते-तहे-संग']

26

तिरे ग़म को जाँ की तलाश थी, तिरे जाँ-निसार चले गये
तिरी रह में करते थे सर तलब, सरे-रहगुज़ार चले गये
तिरी कज अदाई[8] से हार के, शबे-इंतिज़ार चली गई
मिरे ज़ब्ते-हाल[9] से रूठ के, मिरे ग़मगुसार चले गये
न सवाले-वस्ल, न अर्ज़े-ग़म, न हिकायतें न शिकायतें
तिरे अह्द[10] में, दिले-ज़ार के, सभी इख़्तियार चले गये
ये हमीं थे जिनके लिबास पर सरे-रू-सियाही लिखी गई
यही दाग़ थे जो सजा के हम सरे-बज़्मे-यार चले गये
न रहा जुनूने-रूख़े-वफ़ा[11], ये रसन[12] ये दार[13] करोगे क्या
जिन्हें जुर्मे-इश्क़ पे नाज़ था, वो गुनाहगार चले गये

['दस्ते-तहे-संग']

---

1. मोती 2. सुनवाई 3-4-5. उपदेशक और नियम-संयम बरतने वाला 6. प्रेमिका का जिस्म 7. क़यामत तय है 8. बाँकी अदाएँ 9. अपने हाल पर सन्तोष 10. दौर, ज़माना 11. वफ़ादारी का जुनून 12. फाँसी का फन्दा 13. सूली

27

शरहे - बेदर्दिए - हालात[1] न होने पाई
अबकी भी दिल की मुदारात[2] न होने पाई

फिर वही वादा, जो इक़रार न बनने पाया
फिर वही बात, जो इस्बात[3] न होने पाई

फिर वो पर्वाने, जिन्हें इज़्ने-शहादत[4] न मिला
फिर वो शमूएँ, कि जिन्हें रात न होने पाई

फिर वही जाँ ब लबी[5], लज़्ज़ते-मय से पहले
फिर वो महफ़िल जो ख़राबात[6] न होने पाई

फिर दमे-दीद[7] रहे दीदा-ओ-दिल दीदतलब[8]
फिर शबे - वस्ल मुलाक़ात न होने पाई

फिर वहाँ बाबे - असर[9] जानिये कब बंद हुआ
फिर यहाँ ख़त्म मुनाजात[10] न होने पाई

'फ़ैज़' सर पर जो हरेक रोज़ क़यामत गुज़री
एक भी रोज़े - मुकाफ़ात[11] न हो पाई

['सरे-वादिए-सिवा']

---

1. परिस्थितियों की निर्दयता की व्याख्या 2. आवभगत 3. सबूत, प्रमाण 4. मर मिटने की इजाज़त 5. होंठों पर जान 6. मैख़ाना 7. मुलाक़ात के वक़्त 8. दर्शनाभिलाषी 9. प्रार्थना का द्वार 10. प्रार्थना 11. फ़ैसले का दिन

28

हम सादा ही ऐसे थे, की यूँ ही पज़ीराई[1]
जिस बार ख़िज़ाँ आई, समझे कि बहार आई
आशोबे - नज़र से[2] की हमने चमन-आराई
जो शै भी नज़र आई गुलरंग नज़र आई
उम्मीदे - इनायत[3] में रंजीदा रहे दोनों
तू और तिरी महफ़िल, मैं और मिरी तनूहाई
यकूजान न हो सकिये, अनजान न बन सकिये
यों टूट गई दिल में शमशीरे-शनासाई[4]
इस तन की तरफ़ देखो, जो क़त्लगहे-दिल है[5]
क्या रक्खा है मक़्तल[6] में, ऐ चश्मे-तमाशाई

['सरे-वादिए-सिना']

29

यूँ सजा चाँद कि झलका तिरे अंदाज़ का रंग
यूँ फ़ज़र महकी कि बदला मिरे हमराज़ का रंग
साय-ए-चश्म में हैराँ रूख़े-रौशन था जमाल
सुर्ख़ि-ए-लब में परीशाँ तिरी आवाज़ का रंग
बे पिये हों कि अगर लुत्फ़ करो आख़िरे-शब
शीश-ए-मय में ढले सुब्ह के आग़ाज़[7] का रंग
चंगो-नै[8] रंग पे थे अपने लहू के दम से
दिल ने लय बदली तो मद्धिम हुआ हर साज़ का रंग
इक सुख़न और कि फिर रंगे-तकल्लुम[9] तेरा
हर्फ़े-सादा को इनायत करे ए'जाज़[10] का रंग

['सरे-वादिए-सिना']

---

1. स्वीकृति, मंज़ूरी 2. सुर्ख़ नज़र से 3. मेहरबानी की आशा से 4. परिचय की तलवार 5. जो हस्रतों की क़त्लगाह है 6. बूचड़ख़ाना 7. शुरुआत 8. चंग और बाँसुरी 9. बातचीत की रंगत 10. चमत्कार

30

किस शहर न शोहरा[1] हुआ नादानिए-दिल का
किस पर न खुला राज़ परेशानिए-दिल का

आओ करें महफ़िल में ज़रे-ज़ख़्म नुमायाँ[2]
चर्चा है बहुत बे सरो - सामानिए दिल का

देख आएँ चलो कूए-निगाराँ का ख़राबा[3]
शायद कोई महरम[4] मिले वीरानिए-दिल का

पूछो तो इधर तीर फ़िगन[5] कौन है यारो
सौंपा था जिसे काम निगहबानिए-दिल का

देखो तो किधर आज रुख़े-बादे-सबा[6] है
किस रह से पयाम[7] आया है ज़िंदानिए-दिल[8] का

उतरे थे कभी 'फ़ैज़' वो आईनए-दिल में
आलम है वही आज भी हैरानिए-दिल का

['शामे-शहरे-याराँ']

---

1. शोहरत, शोर 2. ज़ख़्मों की दौलत प्रदर्शित करें 3. प्रेमिका की गली का सूनापन 4. राज़दार 5. तीरंदाज़ 6. हवा का रुख़ 7. सन्देश 8. क़ैदी दिल

31

यह मौसमे-गुल गर्चे तरबख़ेज़[1] बहुत है
अहवाले - गुलो - लाला ग़मअंगेज़[2] बहुत है

.ख़ुश दावते-याराँ भी है, यल्ग़ारे-उदू[3] भी
क्या कीजिए दिल का जो कमआमेज़[4] बहुत है

यों पीरे - मुग़ाँ शैख़े-हरम से हुए यक्जाँ
मैख़ाने में कमज़र्फ़िए - परहेज़[5] बहुत है

इक गर्दने-मख़लूक़[6] जो हर हाल में ख़म[7] है
इक बाज़ुए-क़ातिल है कि ख़ूँरेज़ बहुत है

क्यों मश्अले - दिल[8] फ़ैज़ छुपाओ तहे-दामाँ[9]
बुझ जाएगी यूँ भी कि हवा तेज़ बहुत है

['शामे-शहरे-याराँ']

---

1. आनन्द बढ़ाने वाला 2. फूलों के हालचाल दुखद 3. दुश्मन का आक्रमण 4. संकोची 5. परहेज़ की अनुदारता 6. अवाम की गर्दन 7. झुकी हुई 8. दिल की मशाल 9. दामन यानी कपड़ों की तह में

32

कहीं तो कारवाने - दर्द की मंज़िल ठहर जाये
किनारे आ लगे उम्रे-रवाँ[1] या दिल ठहर जाये

अमाँ[2] कैसी की मौजे-ख़ूँ अभी सर से नहीं गुज़री
गुज़र जाये तो शायद बाज़ुए-क़ातिल ठहर जाये

कोई दम बादबाने-कश्तिये-सहबा[3] को तह रक्खो
ज़रा ठहरो गुबारे - ख़ातिरे - महफ़िल[4] ठहर जाये

.ख़ुमे-साक़ी में जुज़[5] ज़हरे-हलाहल कुछ नहीं बाक़ी
जो हो महफ़िल में इस इक्राम[6] के क़ाबिल ठहर जाये

हमारी ख़ामुशी बस दिल से लब तक एक वक़्फ़ा[7] है
य' तूफ़ाँ है जो पल भर बद लबे-साहिल[8] ठहर जाये

निगाहे - मुंतज़र[9] कब तक करेगा आइनाबंदी[10]
कहीं तो दश्ते-ग़म[11] में यार का महमिल[12] ठहर जाये

['सरे-वादिए-सिना']

---

1. उम्र की रवानी 2. अमन, शांति 3. पीने के दौर को मस्ती से भरने वाली संगत 4. महफ़िल के दिल का गुबार 5. साक़ी की सुराही में—के सिवा 6. सत्कार 7. अन्तराल 8. तट पर 9. प्रतीक्षित दृष्टि 10. उत्सव-सज्जा 11. ग़म का बियाबान 12. ऊँट पर औरतों के बैठने की एक खास बनावट की सीट

33

कब तक दिल की ख़ैर मनाएँ, कब तक रह दिखलाओगे
कब तक चैन की मोहलत दोगे, कब तक याद न आओगे
बीता दीद-उम्मीद[1] का मौसम, ख़ाक उड़ती है आँखों में
कब भेजोगे दर्द का बादल, कब बरखा बरसाओगे
अहदे-वफ़ा या तर्के-मुहब्बत[2], जी चाहे सो आप करो
अपने बस ही बात ही क्या है, हमसे क्या मनवाओगे
किसने वस्ल का सूरज देखा, किस पर हिज्र की रात ढली
गेसुओं वाले कौन थे क्या थे, उनको क्या जतलाओगे
'फ़ैज़' दिलों के भाग में है घर बसना भी लुट जाना भी
तुम उस हुस्न के लुत्फ़ो-करम[3] पर कितने दिन इतराओगे

[1968]

34

जैसे हम बज़्म में फिर यार-ए-तरहदार[4] से हम
रात मिलते रहे अपने दर-ओ-दीवार से हम
सरखुशी[5] में यूँ ही तरमस्त-ओ-ग़ज़लरव्वां गुज़रे
कू-ए-क़ातिल से कभी कूच-ए-दिलदार से हम
अब वहाँ कितनी मुरस्सा[6] है वो सूरज की किरन
कल जहाँ क़त्ल हुए थे इसी तलवार से हम
हमसे बे-बहरा हुई अब जरस-ए-गुल[7] की सदा
वरना वाक़िफ़ थे हर एक रंग की झंकार से हम
फ़ैज़ अब चाहा जो कुछ चाहा सदा माँग लिये
हाथ फैला के दिल-ए-बे-ज़र-ओ-दोनार से हम

['ग़ुब्बारे अय्याम']

---

1. दर्शन की आशा 2. वफ़ा की प्रतिज्ञा या प्रेम का परित्याग 3. अनुकम्पा 4. बाँका यार 5. मस्ती 6. सुसज्जित 7. फूलों के काफले की आवाज़

शे'र और क़त्ए

शे'र और क़त्ए

अदा-ए-हुस्न की[1] मासूमियत को कम कर दे
गुनाहगार नज़र को हिजाब[2] आता है

वक़्फ़े-हिर्मानो-यास[3] रहता है
दिल है अक्सर उदास रहता है
तुम तो ग़म देके भूल जाते हो
मुझको एहसां का पास[4] रहता है

न जाने किस लिए उम्मीदवार बैठा हूं
इक ऐसी राह पे जो तेरी रहगुज़र[5] भी नहीं

देर से आंख पे उतरा नहीं अश्कों का अज़ाब
अपने ज़िम्मे है तेरा क़र्ज़ न जाने कब से

न पूछ जब से तेरा इन्तिज़ार कितना है
कि जिन दिनों से मुझे तेरा इन्तिज़ार नहीं
तेरा ही अक्स है उन अजनबी बहारों में
जो तेरे लब, तेरे बाज़ू, तेरा किनार[6] नहीं

---

1. सुन्दरता की अदा की 2. लज्जा 3. निराशाओं को समर्पित 4. लिहाज़ 5. गुज़रने का मार्ग 6. अंक

तेरा जमाल[1] निगाहों में लेके उट्ठा हूं
निखर गई है फ़िज़ा[2] तेरे पैरहन की-सी[3]
नसीम[4] तेरे शबिस्तां[5] से होके आई है
मेरी सहर में[6] महक है तेरे बदन की-सी

कर रहा था ग़मे-जहां का[7] हिसाब
आज तुम याद बेहिसाब आए
न गई तेरे ग़म की सरदारी
दिल में यूं रोज़ इंक़िलाब आए

मौत अपनी, न अ़मल अपना, न जीना अपना
खो गया शोरिशे-गेती में[8] क़रीना[9] अपना
नाखुदा[10] दूर, हवा तेज़, क़रीं[11] कामे-नहंग[12]
वक़्त है फैंक दे लहरों में सफ़ीना[13] अपना

तुम्हारे हुस्न से रहती है हम-किनार[14] नज़र
तुम्हारी याद से दिल हम-कलाम[15] रहता है
रही फ़राग़ते-हिज्रां[16] तो हो रहेगा तै
तुम्हारी चाह का जो-जो मक़ाम[17] रहता है

---

1. सौन्दर्य 2. वातावरण 3. लिबास की-सी 4. मृदु समीर 5. शयनागार 6. प्रभात में 7. सांसारिक ग़मों का 8. संसार के हंगामों में 9. सलीक़ा 10. मांझी 11. निकट 12. मगर का मुँह 13. नाव 14. आलिंगित 15. वार्तालाप करता 16. वियोग रूपी फुर्सत 17. स्थान

रात यूं दिल में तेरी खोई हुई याद आई
जैसे वीराने में चुपके से बहार आ जाए
जैसे सहराओं में[1] हौले से चले बादे-नसीम[2]
जैसे बीमार को बेवजह[3] क़रार[4] आ जाए

मता-ए-लौहो-क़लम[5] छिन गई तो क्या ग़म है
कि ख़ूने-दिल[6] में डुबो ली हैं उंगलियां मैंने
ज़बां पे मुहर लगी है तो क्या, कि रख दी है
हर एक हल्क़ - ए - ज़ंजीर[7] में ज़बां मैंने

---

1. मरुस्थलों में 2. मृदु समीर 3. अकारण 4. चैन, आराम 5. क़लम और तख़्ती की पूंजी
6. हृदय-रक्त 7. ज़ंजीर की प्रत्येक कड़ी

आखिरी कलाम

बहुत मिला, न मिला, ज़िन्दगी से ग़म क्या है
मताए - दर्द[1] बहम है, तो बेशो - कम क्या है

हम एक उम्र से वाक़िफ़ हैं अब न समझाओ
कि लुत्फ़ क्या है, मेरे मेहरबाँ सितम क्या है

करे न जग में अलाव, तो शे'र किस मक़्सद
करे न शहर में जल-थल, तो चश्मे-नम क्या है

अजल[2] के साथ कोई आ रहा है परवाना
न जाने आज की फ़ेहरिस्त में रक़म[3] क्या है

सजाओ बज़्म, ग़ज़ल गाओ, जाम ताज़ा करो
बहुत सही ग़मे-गेती[4], शराब कम क्या है

[नवम्बर 1984]

❑❑❑

1. दर्द का सामान 2. मृत्यु 3. दर्ज, लिखा हुआ 4. सांसारिक दुःख

'लोकप्रिय शायर और उनकी शायरी' शृंखला की अन्य पुस्तकें

- फ़ैज़
- ज़ौक
- जिगर
- मजाज़
- इक़बाल
- ग़ालिब
- क़तील शिफ़ाई
- अख़्तर शीरानी
- सरदार जाफ़री
- मीर तक़ी 'मीर'
- जोश मलीहाबादी
- फ़िराक गोरखपुरी
- मजरूह सुलतानपुरी
- साहिर लुधियानवी
- नज़ीर अकबराबादी
- नासिर काज़मी

राजपाल एण्ड सन्ज़ से प्रकाशित शायरी की पुस्तकें

पाकिस्तान की शायरी

हिन्दुस्तानी ग़ज़लें

ये मेरी ग़ज़लें ये मेरी नज़्में

कैफ़ी आज़मी

बशीर बद्र

कृष्ण बिहारी 'नूर'

अहमद फ़राज़

शहरयार

निदा फ़ाज़ली

अमीर क़ज़लबाश

सभी पुस्तक विक्रेताओं और सभी
प्रमुख वेबसाइट पर उपलब्ध
www.rajpalpublishing.com